続・予約一名、角野卓造でございます。【京都編】

はじめに

芸能人×京都＝古都を愛でるお忍び旅。そんな先入観をふふっと笑って、街なかにある店のイスを温める角野さん。プライベートで京都を旅するようになって約30年、最近では年間60日以上滞在。…角野さん、京都って東京の隣の駅でしたっけ？　というツッコミと共に２０１３年から始まったのが、関西の月刊誌『ミーツ・リージョナル』の連載企画『予約一名、角野卓造でございます。』であり、本書は２０１７年に続く書籍化第２弾。

角野さんのこの街での過ごし方を改めてご紹介したい。「２泊３日で〝無理して〟京都に行こうとは思わない。最低でも１週間、10日間ぐらい京都にいられるのがベスト」と語るロングステイ派。その滞在期間中に、襟を正してのれんをくぐる料理屋、はたまた町中華といった日常の店を、混在させて楽しむのが角野流。そしてひとり酒を愛し、予約を入れる電話では「角野卓造でございます」と律儀にフルネームを伝える。…おっと、これもお伝えしなければならない。幼少期を大阪で過ごした角野さんは京都では自然と関西弁になり、「京都人かのように街に紛れてるから」と笑う。

「今月はどこで行けるかしら、という感じで京都に行くことはなんら特別感のない日常。当たり前になっているんです。気楽で、だらしない。そんな過ごし方にどんどんなってきましたから、ご紹介するお店のラインアップにしても一冊目よりもさらに普通のお店の割合が多くなっているんじゃないでしょうか。普通というのはつまり京都の人が普段遣いするお店のことで、僕も同じように普通に過ごさせていただきたいな、とそんな風に思っているんです」

気負いのない旅を楽しむ京都、そこで覗き見る角野卓造の素顔を、どうぞお楽しみください。

KYOTO TOWE

もくじ

続・予約一名、角野卓造で

ございます。【京都編】

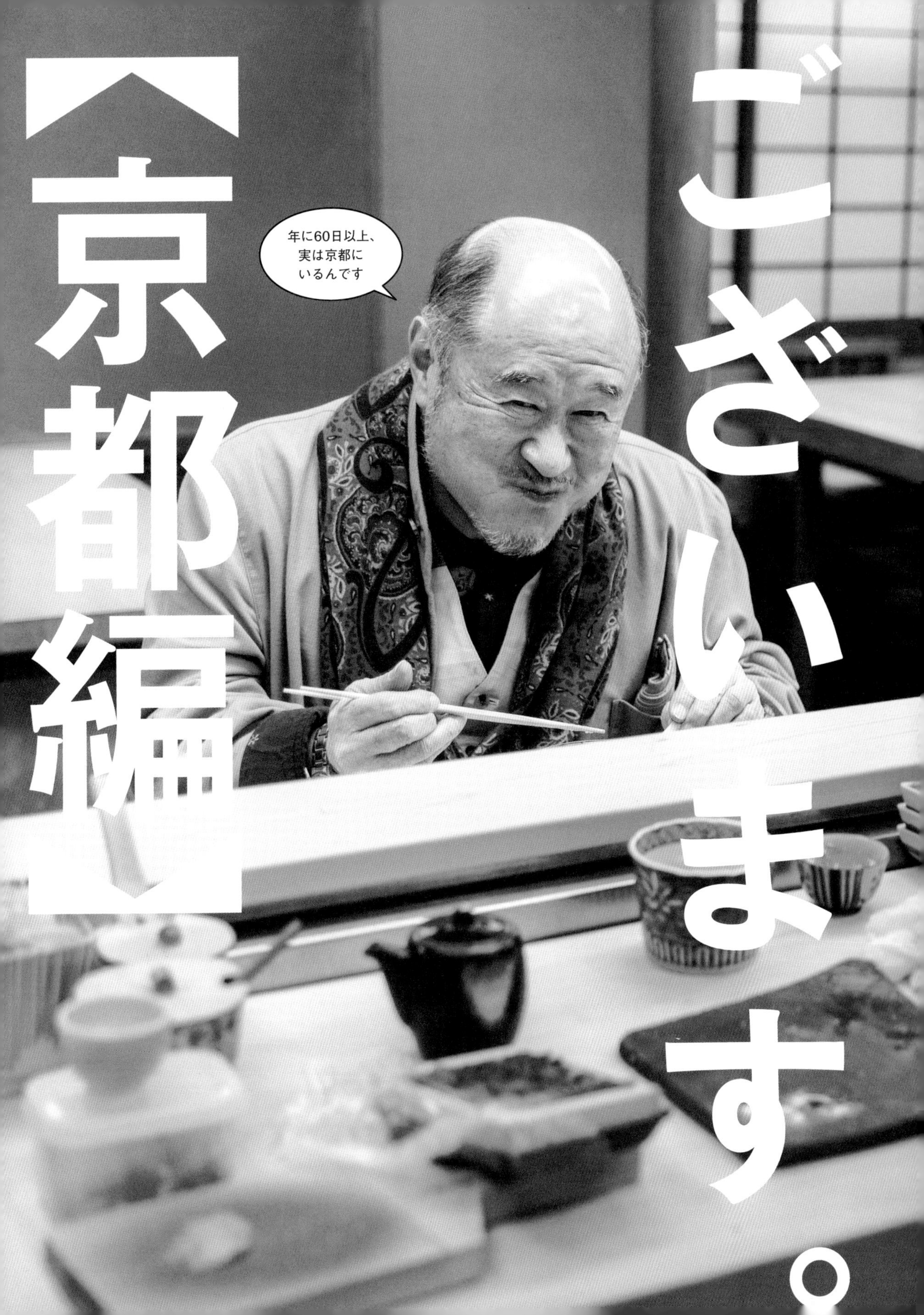

懐石の流れで進み、7貫ほどの鮨でシメる。辻村史朗や北大路魯山人の作品、江戸時代の清水焼…先代が収集したうつわも目を奪う。

鮨割烹 なか一

［祇園四条］

街の偉人が深めた京の料理。さらに角野さんの街遊び。

「京料理が食べられて、かつシメに江戸前の鮨をいただける。私からするとこんなうれしい店ないで」

京都の本流をゆく懐石と、江戸前の鮨。このふたつが花街で邂逅したのは、あまたの文化に革命が起こった時代、１９６９年のこと。銀座で鮨職人の修業をした先代が打った勝負師な一手が、鮨割烹というニュースタイルだった。「京都で鮨屋をしたいけれども、やはり懐石の流れがある街、鮨という一品もんだけで商売するのが難しかった。だから親父は京料理の勉強もするんです」とは、二代目の須原健太さん。「（鮨割烹は）うちがパイオニアです。ただし結構叩かれたとも聞いてます。あそこ何屋か分からへん、と」。そんな意見を遮ったのが冒頭の角野さんの言葉である。

鮨といえばネタが命。しかし50年以上前の京都となると、魚の流通経路には相当難儀されたはずである。「東京で修業した親父は、やはりコハダが握りたかった。でも流通がない。そこで考えたのが、コハダと同

鮨割烹 なか一

［祇園四条］

夜13,200円〜27,500円のコースを展開。昼11,000円〜。二代目の健太さんと角野さんのつき合いも古く、「今は貫禄の主人をやってるんだから男前だね」としみじみ。前々日までの予約が賢明。●京都市東山区祇園南側570-196　☎075-531-2778　12:00〜14:00閉店　16:30〜22:00閉店　無休

夏の楽しみは、ハモとエダマメのすり流しと、椀物・モチクジラと新ゴボウの白味噌仕立て。

じように塩で締めた一匹付けのイワシの握りです。ひとつ握ってみましょう」。苦労の先に生まれた逸品が角野さんの前に置かれ、人間ドラマの味に唸ったのだ。

創意を交えながら江戸前の仕事を京都に伝えた先代。〝道拓く人〟という人物像が浮かび上がる先代の須原陽一さんは、ひとり京都を旅する角野さんを街の深部に誘い入れた人でもあったという。

「私はね、お父さんにはよぉしてもらった！ 仲良ぉしてもろてね。陽ちゃんは（店の並びにあるバー）「サンボア」に毎晩21時過ぎたら、お店を抜けて来はる。そこで会うと『卓ちゃんちょっとこの後行かへん？』と誘ってくれるし、「サンボア」メンバーで遊びに行くとなるとマイクロバスを手配してくれる。人の世話をする人でね」。すると二代目が「親父は幸せやったと思います。まわりがええ人すぎるから。親父、あんまり性格良くなかったでしょう（笑）」と。やはりここでも角野さんは意見を遮った。「そんなことないよ。可愛らしい人やった…」。そうして息子さんと花咲いた先代思い出話、その佳景を、写真の中の陽一さんが見守る。この日も酔いひとときをお世話してもらったようです。

和食 晴ル

［四条烏丸］

旅人を誘った角屋は京都を感じる「居食屋」。

四条通りから一本入った通りの角地。喧騒から少しばかり距離を取った立地に、小さな白のれんを掛けた一軒家が佇んでいる。戸を引けばプレーンな空間に12席のL字カウンター。角野語録でいうところの「武装解除！」モードでくつろげると紹介されたのは、京都の新進気鋭酒場。聞けば角野さんは昨夜もカウンターの隅に座り、ひとり酒の愉楽に浸っていたそうで。

「和むし、楽。新世代の酒場だから通うとかそういうんじゃなく、今の自分と波長が合うお店なんだ」

名料亭「和久傳」などで修業を積んだご主人の桔川晴年さんが立つその居酒屋は、『質実剛健』という言葉がよく似合う。「昨日は鰻の炭焼をいただいたんだけど、開いた鰻じゃないの。丸々とした鰻をまず蒸して、それから炭で香ばしく焼くから、なかがフワッとしてて…なんとも言えへん絶品だったなぁ」。夏の名物である鱧寿しも、注文を受けてから骨切りし、炭火で焼いた後にのり巻にする。そんな手間の極みを2貫提供、つまり〝シメの好手〟として品書きに書き込むのだから、『一品入魂』という言葉も添えたい。

「居酒屋のレベルじゃない。割烹寄りのお料理だね。一方で、タラコの粕漬けやキュウリのぬか漬けみたいなフランクなメニューもきっちりとあるところが、酒飲みとしてはたまらなくうれしいんだな。また僕は、ご主人の顔つきが好き。可愛いし、でも油断できへんな…っていう奥行きがあって、好っきゃわぁ」

仕事は割烹のそれ、けれど居酒屋の精神で客を迎える——そんな京都の酒場の妙境を、角野さんは常々「居酒屋ではなく、居食屋と呼びたい」と敬仰するが、こちらもまさに。「モダンなインテリアで飾ったりしないんだもの。僕の理想系だと言ってしまいましょう」

「こちらで最後に飲む一杯はいつも決まってる。日本酒を飲んだ後でもケンカせず、するっと入るニューヨークのオーガニックバーボン、キングス・カウンティ蒸溜所のハイボール」。それを飲み干し、「ご主人、1カ月後に京都へまた来ますから。一席お願いしますって電話するね」と、帰り際のアイル・ビー・バック宣言をするのが、角野さんの定例行事だ。

和食 晴ル《はる》

[四条烏丸]

蛸のやわらか煮800円、お造り盛り2,500円〜。晴ル風鱧寿し1,000円。20:00に入れ替わる2部制（土・日は3部制）、予約は1カ月先まで可。●京都市下京区綾小路通高倉南西角神明町230-2 ☎075-351-1881 17:00〜23:00LO（土・日16:00〜） 月曜休（祝日の場合営業、翌日休）

リストランテ 野呂

［二条城前］

つくづく「対応力がすごい…」店主の全力ホスピタリティ。

カウンターのキャッチボールを信条とするリストランテがある。投げるボールは、お客次第。

「京料理にも通ずる、独自の〝びっくりイタリアン〟。いつもおまかせでお願いするんだけど、イタリア風のお造り盛りだとか、僕の好みに合わせて即興で作ってくれるんです。ここまでしてもらったら、たまんないや…というぐらいの対応力！　すごいですよ」

自筆で毎日書き上げるメニューには料理名がぎっしりと並んでいるが、店主の野呂和美さんは自ら場外乱闘を申し込むように、お客と対話しながらレシピを作っていく。「初めてのお客さんでも、気になる食材ありますか？　じゃあこんな味つけでさせていただきましょうか、とやっちゃうんです。目の前のお客さんが食べたいものが、僕の作りたいものだから」。その景色は、まるでカウンター割烹のようである。

毎度必ずサプライズを用意する主人。本日は…うどんのような手延べパスタを「ほ〜ら、すっごい伸びるでしょ？」。

「驚いてくださる料理をご用意しますね」と宣言していたこの日も例に漏れず。サーブされた3皿全てが角野スペシャルだった。ひと皿目のシマアジのカルパッチョには、サクランボのような甘み・食感のミニトマト『プチぷよ』を忍ばせて。「僕が大好物のトマトで毎回、何か作ってくださるんです」。何が出るかはお楽しみなヒミツのトマトシリーズは、ふたりの恒例行事だったみたい。続くふた皿目、スズキのレアカツは、角野さんが愛する京都の名店「洋食 おがた」のアジフライに「対抗してみました（笑）」とシャレを利かせ、喜ばせる。シメのパスタも「大好きなトマトできっちりとシメますんで」。けれどももっと大きな歓声を聞きたい、と麺一本一本を手延べするうどんのようなパスタを目の前でこねだした。未知との遭遇に角野さん、「ほんまコシがうどんや…奥歯が喜んでるわ」と。

うんうん悩んで構成し、せっかく用意した品書きから、自らを解放する。そして手間を手間と思わず、対話から即興で作る。なぜそうする？ の答えは、清かった。「お客さまの笑顔に、飢えているんです」。

「街に揉まれて鍛錬を積んだ証だと思うけど、これほど柔らかい兄ちゃんおらへんよ。こちらを知ってるってだけで財産だよ」。お互いに笑顔チャージしたのだ。

リストランテ野呂

［二条城前］

季節のお魚カルパッチョ1,890円、スズキのレアカツ1,790円、トマトのパスタ1人前1,240円〜。舞鶴の魚など地モノを扱う姿勢にも「京料理の心がある」と角野さん。要予約。●京都市中京区西ノ京職司町67-14 ☎075-823-8100 11:30〜13:30LO 17:30〜20:30LO 月曜休&月1回火曜休

「フレンチやイタリアンにひとりで行くことがなかった」角野さんの初体験を奪った店であり、「東京でイタリアンに行く必要もない。というかさ、京都のこの一軒があればいいよ」とまで言わしめた店。店主に惚れた。

点邑

［京都市役所前］

○○懐石などと懐石の字が着回しの利く言葉のように多用される昨今だが、［点邑］の天ぷら懐石には「京料理であることをいつも痛感する」。

天ぷらは昼に見る夢。京都式天ぷらがあった。

なんでやろなぁ、と角野さんは首を傾げる。

「僕にとって天ぷらとは、お昼に食べるのが気持ちいい食べ物。かといって天丼を掻き込むんじゃなく、フルコースで楽しみたい。〝お昼だけどディナー気分〟を味わいたいなと思ったときにお電話するのがこちら」

白昼夢を味わう龍宮とは、創業300余年の名旅館「俵屋旅館」が営む天ぷら専門店。昼の天ぷら懐石は3品ほどの料理が登場した後、口福の天ぷらタイムへと移る。「天ぷらは揚げたてをパッと食べないと。ほっといてはいけない。だから天ぷらが始まるまでの時間に、ビールの小瓶とぬる燗のお銚子1本は済ませちゃうかな」。さぁ準備万端、天ぷらを迎えよう。

エビを食べるとその店の味（腕）が分かるというが、トップバッターにエビを持ってくる潔さ。エビに始まりアナゴで終わる、と入り口出口こそ決まっているが、その道中の構成はさすが老舗旅館の精神。生麩や生湯葉を衣に包んで揚げたり、ひと口の宝石と表したいウニの磯辺揚げなど、オリジナルのネタが続く。酒が進むお客には、干したバチコ（ナマコの卵巣）やコノワタといったアテ系を天ぷらにし、すっと差し出す。「僕が料理旅館の流れでやっていますから、天ぷら屋とは発想がちょっと違うと思う。正直なところ天ぷらだとは思っていないんです。お料理だと思ってる」とは、料理長。通って10年以上になる角野さんであるが、今日も未知の天ぷらが待っていた。それは、すりおろしたクワイを味つけなどはせずシンプルに揚げたもの。「天ぷらがクワイの苦みじゃなく甘みを引き出すんだ！」と目を丸くする角野さんに、料理長は「ただクワイをすっただけ。調味を加えれば楽なんですけど、いじくるのは嫌なんです」と食材至上主義を語る。

「懐石的な流れと、組み合わせの妙がある。やっぱり京料理なんですよ。江戸では巡り合えないな。というか、江戸がどうこうは関係ない。これは「点邑」さんだけのお料理。そして京都でも新進気鋭の料理人が現れるなか、常に緊張を保ちながら京都で戦っておられる。いいお姿を、いつも見せてもらっています」

昼に見たい夢とは、京の料理人の至誠だった。

点邑《てんゆう》

［京都市役所前］

昼はコース6,600円〜の他、点心天ぷらどんぶり4,180円、天ぷらどんぶり2,420円もある。夜は11,000円〜。昼夜共に2部制。要予約。●京都市中京区麩屋町通三条上ル下白山町299　☎075-212-7778　11:30／13:00一斉スタート　17:30／19:30一斉スタート　火曜休

『鶴の友』がいくらでも飲めてしまう写真の酒肴盛り合わせのなかでも、特に角野さんを感動させるのは、白味噌で漬ける自家製カラスミ。名物の白味噌椀、当日はカニの身・ミソ・内子を団子にしたコッペ餅だった。

つろく
［御所南］

椀物、銘酒、男が惚れる男。「好き」が詰まった新居酒屋。

看板のない懐石料理店［游美］が開いた大人の居酒屋［つろく］こそ、「最近のなかでは自分に一番合っているなと感じる」くつろぎの間。酒器からして玄人を喜ばせ、角野さんが選んだのは、杯が辻村唯、徳利が元首相である細川護煕の作。そこに、新潟の日本酒『鶴の友』の水紋が広がる。

「酒の師匠、太田和彦さんも好きなお酒で、食べながら飲むときにこんなバッチリなものはない。ただし県外に出ることが珍しい『鶴の友』を、さらにこの酒器で飲める。この時点で認め印を押したようなもの！」

懐石の精神を宿しながら、ア・ラ・カルトで注文できる料理は「看板にお値段を明記されているところが、また素晴らしい」。特に、白味噌仕立ての椀物を、店のスペシャリテにしているところに興味をそそられた。「汁物でお酒を飲むのが、僕は好きだからね。それではお椀のふたを開けましょう。…うわぁ、玉手箱のように煙が出たかと思ったよ。それぐらい綺麗な湯気。なんと今日は〝コッペ餅〟ですか。白味噌でも濃すぎず、カニの風味がぶわっと。これはいいお椀だなぁ」。そして酒をひと口飲み「うん、ほぐれる」と小さく呟く。

［つろく］のカウンターに座る角野さんは、ことさらリラックスされている。路地奥にある隠れ家感や、曲線のカウンターも心を和ませる作用はあろうが、やはり酒飲みの本懐、人の味があるみたいなのだ。

店長の上田健登さんは弱冠27歳。前修業先は東京の伝説店［京味］であり、そのときは板場に入りながら店主の運転手も務め、「親方と毎日一緒にいて、表情や話す内容、その全てが勉強になりました」。次の修業先に京都を選んだ経緯も「知り合いの方に［游美］の大将が作る料理がいいよと聞き、食べに行かせていただいたその日に『勉強させてください』とお願いしました」。京都に住んでですらいないときに、だ。

「彼の接客がすごくキチンとしていてね、気持ちがいいの。それに27歳にしてこれだけのお料理を出すのだから、素晴らしいね！」。骨のある若者に感心し、またゆるゆるとほほ笑みの酒に向き合う。きっと心の中で、朱肉をたっぷりつけた判子を押されたはずである。

つろく
［御所南］
名物の白味噌椀1,200円～の具材とダシのペアリングは月替わりで展開。酒肴盛り合わせ2,800円、『鶴の友』1合1,000円。細路地の奥にある日本家屋、隣には本店である懐石［游美］がある。●京都市中京区二条通高倉西入ル松屋町51
☎075-275-3926　17:00～22:00最終入店　日曜休

街で遊ぶとき、タクシーは利用しない。歩いていて冷たい風を肌に当てたなら市バスに飛び乗り、冬の癒やしの一杯をうどん屋に求める。

にしんそば
営業中

上七軒 ふた葉

［上七軒］

冬の京都で合いたくなる、京都流たぬきうどん。厚めのおあげ、すったショウガ、あんかけダシのコントラストが美しい。

京都のたぬきうどんは
あんをまとってドロンと化ける。

日本最古の花街である上七軒。古都の風情をたらふく味わえるエリアで、食べて欲しい街の味がある。「京都の冬は、これが決まりやなぁ」。その老舗麺処には美文字で書かれた品札がずらりと並んでいるが、角野さんは迷わず「僕は、たぬきで！」と声を張ったのだ。

さて、このたぬき。名は同じでも地域によって「化ける」ため、脳内にたぬき翻訳機能を実装せねばならない。それでは角野さん、解説をお願いします。

「おあげさんが乗ったきつねうどん、そのおダシがあんかけになったものを京都ではたぬきと呼ぶ。対して大阪では、きつねうどんの台がお蕎麦になったものをたぬきと言う。関東のたぬきは、台はうどんなんだけどおあげじゃなくて天カスが乗る…って、それは大阪ではハイカラうどんと呼ぶでしょう？うどんの呼び名は不思議やなぁと思いますね」。とにかく京都では、きつねうどんが（あんかけだけに）ドロンとたぬきに化けるわけだが、「京都の優しいおダシだから、あんかけにしても成立するのかな。東京のダシであんにするとくどくなるだろうし、カツオの風味を立たせた大阪のダシもちょっと違うのかもしれないね」。そのダシをそっと持ち上げるのは、これも京都流、やわらかめの中細うどん。どこまでもたおやかな一杯なのである。

「上七軒 ふた葉」のたぬきに乗るのは、甘きつね（甘辛く炊いたあげのこと）のきざみ。「おあげさんが厚めに切られているのも、こちらならではだね」。そして、キラキラと輝く湖面のような美しいダシの上には、ショウガがトッピング。「あんかけとショウガ、ポカポカ温まって冬にはたまらないな。僕なんて頭に汗を掻いちゃうんだから（笑）」。たぬきを一気に完食した角野さんは、ハンドタオルで頭をひと拭い。冬に掻いた汗は、うれし涙だったのかもしれない。

この日は「実は前から気になってた」親子丼も注文。たぬきのみならず鶏にも出合ってご満悦の角野さんだったが、ある品札をジッと見つめてる。まだ合いたい一杯がある？「なんと「ふた葉」さんは中華そばもやられてるんですね。うどん屋さんの中華そばにハマってるんだけど…まぁそれは次回やな！」

上七軒 ふた葉

[上七軒]

たぬき750円。ダシと玉子が完全一体化する親子丼900円。創業時から提供する中華そば750円。1929年に創業、当代は三代目。ダシ売り切れもあるため早めの来店を。●京都市上京区今出川通七本松西入ル真盛町719　☎075-461-4573
11:00～17:00閉店（売り切れ次第終了）　水曜休

店主の嗣さんは串揚げ一本、キャリアは25年を超える。オーガニックの野菜や無添加へのこだわりの原点は「主人の出身地である高知は、お酢でも何でも家庭で手作りする。そういう環境で育ったから」と女将の裕子さん。

串揚げ 万年青

［鞍馬口］

街を感じる京都の串揚げ。夫婦の味わい、軽やかで。

最寄り駅の鞍馬口から歩いて15分強は「えらい遠いんだな（笑）」と思いつつ、再訪時はわざとひとつ手前の駅で降りてみた。距離は加算されてしまうが、個人商店や民家を通り抜ける道中は「街場の雰囲気があって、これがなかなか楽しい」。暮らしの息遣いを感じながら、向かいたい。そんな店なのだ。

「京都で串揚げの専門店ってあんまりイメージになかったから、京都の本でお店を知ってぜひ訪ねてみたかった」というのが来店動機のひとつではあったが、手にした本からは〝人〟もにじみ出ていた。「添加物の入ったもんは極力扱わない。食材も自然に育てられたものを使う。主張がおありなんだなと、そこにもちょっと興味を持って」。ここが住居兼店舗であることもグッとくる。営むのは青木嗣さん・裕子さん夫妻だ。

「ウチは創作はしないと決めて、素材そのままをできるだけ味わっていただくことに注力しています」と、裕子さん。例えば野菜なら無農薬栽培や自然栽培を基本としたものを選び、また旬を追いかけ、夏のズッキーニでさえ短いシーズンのなかで仕入れ先を都度変えるというのだ。他、肉や卵も飼育環境にまで目を配り厳選…と青木夫妻のこだわりを挙げればキリがなく、おすすめ串を順に揚げてくれるおまかせコースは、誠実なものづくりをする作り手名鑑といった感じである。そのコース、お腹が膨れたタイミングで串のストップを自己申告し、串の合間には箸休めの一品も2〜3皿サーブしてくれるのだが、さて角野さんは何串ほどいかれるのでしょう？「いつも15本ぐらいかなぁ。10年若かったら20本から25本はいけたけど」。いや、十分ようけ食べてはります…。「衣が重くないし、素材にあんまりいらんことをされてないしね。軽く入っていくかな」。作り手の想いやおいしさを、素直に伝える。そんな夫妻の心にもっと触れたくてストップを言いたくない、という説もある？

角野さんと青木夫妻は、おふたりも毎年参加される〝京都のご近所つき合いの象徴〟こと区民運動会の話でも盛り上がった。街なかから外れ、そこに暮らす人たちと生きた街話をする、かくも軽やかな街遊びだ。

串揚げ 万年青《おもと》

［鞍馬口］

25種前後の串がサーブされるおまかせコースは、ひと串154円〜440円。箸休めには高知出身の店主らしくカツオのタタキなどが登場。ユズポン酢は実家に実ったユズをご両親が手搾り。●京都市上京区筋違橋町554-2　☎075-411-4439　18:00〜21:00最終入店（土・日・祝17:00〜）　月・火曜休&不定休（祝日の月曜営業）

いまから なかじん

［今出川］

ジャンルから自らを解放する“極めびと”のシーズン5。

「今回で移転4度目、5つめの店になるんです」。場所だけでなく屋号も業態もその都度変えてきた。そんな主人の中村一臣さんが1997年から綴るヒストリーを全て書き出そうとすると巻物になってしまうが、一章目の「虚無蕎望《こむそぼう》 なかじん」は熟成蕎麦という蕎麦の新世界を提示。続く「素《そ》料理 なかじん」では蕎麦前の枠を超えた鰻や鮨まで提供し、中村さん青天の霹靂、蕎麦アレルギーが発覚した後も炭火焼鳥や天ぷらの割烹を…とジャンルを軽々と超えてきた。そして迎えたシーズン5は、なんと洋食の店。いや、カテゴリーは洋食でいいのか？ 角野さんの体験談をどうぞ。

「この前いただいたコースは、流れのなかで天ぷらからフライに切り替わるというミクスチャーが面白くて。メインとしてクルマエビのフライが登場した後には、中村さんの新境地である蕎麦粉を使わないお蕎麦と続き、シメはチャーハン。いやぁ驚きましたな」

あらゆるジャンルを横断する、コース一本勝負の店だったのだ。「誰も体験したことのないものを出したい」と語る中村さん。名物エビフライのソースは「京都・山科の『オジカソース』に（蕎麦屋時代から）24年間継ぎ足してきた天丼のタレを合わせたもの」と、ほんのちょっと手を伸ばした先にも未知の味が待機するし、最大の驚きの体験となるのは、蕎麦粉不使用の蕎麦なるものを成立させてしまった“麦切り”だろう。魅惑の新麺、中村さんの解説をどうぞ。

「小麦の全粒粉でざらっとした口当たり、香りはダダチャマメ粉、甘みはトウモロコシ粉、そしてレンコン粉で透明感を出しています」。中村さんはレシピ改良の手を止めず、現在の麦切りは「第5世代」になるそう。体験済みである角野さんも、やはり美味のショックを味わう。「紛うことなきお蕎麦です。完全に…。しかし味わいはもっと複雑味があり、それがいいですね」

ところで店名の“いまから”とは、地名（烏丸今出川）から取ったもの。「今までの屋号も『虚無蕎望』はコム・サ・デ・モード、『素料理』は料理をひとりで作ってるという意味でソー・ロンリーからきてる。店名はいつもダジャレです（笑）」。いまから新章突入だ。

いまから なかじん

［今出川］

料理10皿ほど+デザートがつく夜のコース10,000円。昼は4,800円。中村さん発明の新麺・麦切りは、昭和中頃の古い製麺機で打つ。前日までの要予約。●京都市上京区烏丸通今出川上ル岡松町262-3 ☎075-203-0530 12:00一斉スタート 18:00一斉スタート 水曜休

あらゆる専門料理を攻める店主の次なる挑戦はフライ。実は蕎麦屋時代から「将来は日本一のエビフライ屋になる」と公言していた。

今や業者を通じて巨大なピッツァ窯が入手できるが、こちら開店は2007年。店主が苦労して個人輸入した薪窯が鎮座。

Pizzeria Napoletana Da Yuki ［東山］

角野さんの青春料理、今は京都でのみ食す？

「僕のイメージにない？」という言葉に失礼ながらハイ…と返した、ここは京都のピッツェリア。すると角野さんは、自身のピザダイアリーをめくった。

「ピザ歴でいうと僕は古いですよ。高校生のときにWデートみたいにして行った六本木「ニコラス」はカチカチに焼かれた8インチピザ。今みたいにチーズがトロッとなるのはその後だね。渋谷公園通りにあった芝居も観れるシアターレストランで糸引くピザに驚き、大学卒業後に遊びに行ったアメリカではシカゴのピザっていうのは相当な旨いもんだなぁと思って」

ナポリ式の窯焼きピッツァがすっかり街場の主流になった現在であるが、直径30センチ近い大判ピッツァは、おひとりさまを満喫する派にはハードル高め。しかし「数少ないピザチャンス」は京都にあり、と地元のご友人夫妻が贔屓にする「Ｄａ Ｙｕｋｉ」でシェアハピを楽しまれていたのだ。

「うれしいのは、ただのピザ屋さんじゃなくイタリア料理店でもあるところ。前菜系をおまかせでとお願いすると、盛り合わせにするんじゃなく、少しずつ一品を出してくれるの」。ひと皿の盛り合わせにしないのは、出来たてを信条とし、美味の温度を重視するため。イタリアでピッツァ職人の修業もした店主の鎌田友毅さん、キャリアのスタートはレストランシェフだったといい、料理人としての矜持を貫くのだ。「メインにビフテキまで用意してあるのに、パスタは決して提供しない。っていうピザ屋のこだわりもいいね！」。

京都で「ピザチャンス」を手に入れた角野さんではあるが、果たせないままの欲望もある。それを解消するのも、また京都。「ひとりでイタリアンに行って『パスタ少量で』という頼み方はできるかもしれないけど、ピザ屋で『ピザを半分おくれ』なんて言えないもんねぇ…」と、今日までピッツェリアひとり探訪を諦めていたが、「できますよ」と軽く言ってのけた鎌田シェフ。手で示してみせた一人前ピッツァは、取り皿のサイズに等しく…。「そんなに小さく焼いてくれるの？ 言うことなし！ よぉし今度はソロでこよう！」。もてなしの京都で泣いた、とマイダイアリーに加筆ですね。

Pizzeria《ピッツェリア》 Napoletana《ナポリターナ》 Da《ダ》 Yuki《ユーキ》
［東山］

イタリアでピッツァ用に育てられた黄色トマトを使う名物、黄金のマルゲリータD.O.C 2,000円。あぶりサバのマリネ1,000円などの一品料理も小皿対応してくれる。予約が賢明。●京都市左京区岡崎円勝寺町36-3 ☎075-761-6765 12:00〜14:30LO 18:00〜21:30LO 月曜休（祝日の場合営業、翌日休）

［直珈琲］に寄ることは京都滞在中の日課。マスターとは親子ほど歳が離れているが、酒場、芝居話…と話題は尽きない。

直珈琲

［京都市役所前］

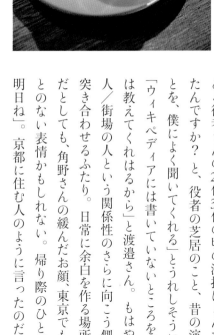

ミニマムな喫茶室が
ふうらいぼうの拠りどころ。

信楽焼の花入れに一輪だけ挿した茶花。その影がくっきりと現れる、ただ今の時間はまだ正午前。明るさを抑えた照明について「今の日本が明るすぎるんです」と笑う店主に、角野さんは完全同意。

「谷崎潤一郎の『陰翳礼讃』じゃないけれど、陰を面白いと思えるのが日本の美意識。白い光じゃないというのは、なにより落ち着くもの」

すっかりくつろぐ6席の喫茶店こそ、角野さんの京都旅の〝光の射す場所〟だった。

静謐な佇まいに惹かれ、ふらりと入ったのは2014年頃のこと。常宿にしているホテルが近いこともあり「この頃は毎日通ってる」。昼前にホテルのロビーを通過して街に出たなら「とりあえず直ちゃんとこに直行」と、もう身体がそうなっているのだ。それが滞在初日であれば、店主の渡邉直人さんと旅のスケジュールを共有するのが定番。そしてふたりの会話は、京都の街話へと移行する。「僕も昔は静かな客だったんだよ（笑）。京都の人はあまりヨソの店のことを言わないイメージだったけど、珍しいことに直ちゃんは情報開示をしてくれる。情報収集をする場所だな」。料理屋に居酒屋、看板を出さないラーメン屋といった街ネタに前のめり。その日の旅のしおりが変わったこともあった。「これ面白かったですよと教えてもらった映画が上映最終日で、料理屋の予約をずらしてまで観に行ったから」。気ぜわしく旅をしない、というのがポリシー。ここに座る時間が、それをかなえてくれる。

「直ちゃんは趣味人でね。晩年の演技しか知らないある役者さんの20代30代の頃の演技はどんな感じだったんですか？と、役者の芝居のこと、昔の演劇界のことを、僕によく聞いてくれる」とうれしそうに語れば、「ウィキペディアには書いていないところを、角野さんは教えてくれはるから」と渡邉さん。もはや京都の旅人／街場の人という関係性のさらに向こう側で、顔を突き合わせるふたり。日常に余白を作る場所が喫茶店だとしても、角野さんの緩んだお顔、東京でも見せることのない表情かもしれない。帰り際のひと言は「また明日ね」。京都に住む人のように言ったのだ。

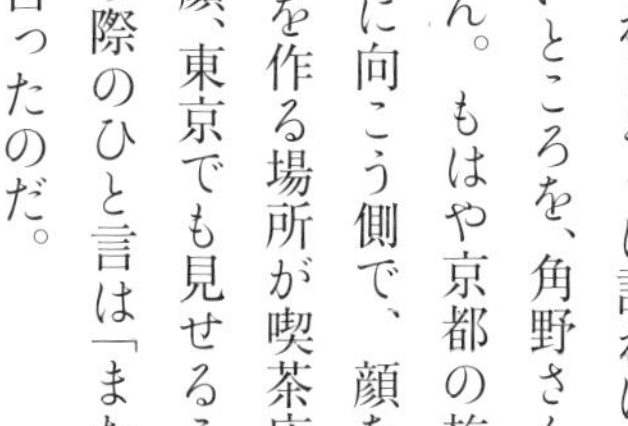

直珈琲《なおこーひー》
［京都市役所前］
マスターが自家焙煎する豆は多種揃えているが、まずは店の味、深煎りブレンド800円を味わいたい。「豆がどうだとウンチクを聞きたい人はいるんだろうけど、直ちゃんはそれをしない。それがまた僕はうれしかったりする」。●京都市中京区恵比須町534-40　☎なし　11:30〜20:00閉店　水曜休

わしょく宝来［東山］

京都の玄人筋が親衛隊になる愚直店主のカウンター。

「地の人が通いたくなるお店だろうね。もちろんお客さんを連れてくる方もおられるんだろけど、なにより自分たちが楽しみたいお店というような感じがします。古すぎず新しすぎず。それなりの風格がありつつ気取りはない。オーソドックスがベースにあるお料理も、僕みたいなおっちゃんには最高やわ」

店主が背にする大きな黒板には、うどのてっぱい、れんこんまんじゅう、グジからあげ…と正統派の料理が連なる。そして黒板のみならずカウンターの作りからも、30代店主の真正面からの勝負が読み取れる。カウンターと一体化する板場は、どうぞ手元を見てくださいい、とでも言いたげ？ いや、正しくはまな板の厚さの分だけ板場のほうが高くなっているから、ステージ感が高まって視線をより集めるわけで。「ライブ感や会話を大事にしたくて。でも僕も驚いていているんです。ここ

まで見えるかと」。店主の宝来剣太さんはくしゃりと笑った。開店は２０１６年、33歳のとき。その若さでこの空間を作ったのだから、肝が据わってる。

ややこしい料理名はなく、黒板で悩ませることはしない。けれど「想像したものそのままやったら面白くないでしょ」と、遊びや隠し技を入れるのが宝来さんのショーマンイズム。定番のサバのきずしも、なかに刻んだカンピョウ・ガリ・大葉を忍ばせ、角野さんが言うには「なかから応援団が出てくるみたいな感じ(笑)」。次に鶏の一夜干しをひと口食べた角野さん、「これは…」と目を見開いてフリーズしてしまった。塩を打った淡路どりを最低でも3日は冷気に当て、旨みを増幅させた逸品であるのだが「脂がシュッとしていて、旨みがじゅわっと溢れ出てくる。これはものすごいですよ!」と、こちらも応援団が賑やかだったみたい。

「15時とかはなんだか早すぎる気がするし、17時だと特別感がない。人より半歩だけ先をいってる感のある16時半に飲める、っていうのが僕は好きだな」

実は来店前、早がけ飲みのベストタイムを角野さんに聞いていたのだけど、なんと宝来さん、ちょっと前に開店時間を早めて16時半オープンにしたばかりだった。まさかこれも酒の応援団のエールかな?

わしょく宝来《ほうらい》

[東山]

きずしに刻みカンピョウなどを忍ばせた、サバ昆布まき1,650円はシャリありver.も用意。旨みの濃い淡路どりのモモを使った鶏の一夜干し880円。れんこんまんじゅう880円。2週間前の予約が賢明。●京都市東山区東大路通新橋上ル林下町438　☎075-561-2834　16:30〜22:00LO　日曜休

「シンプルな料理が好き」と主人は語る。合わせる日本酒は「旨みも酸もしっかりあって和食にぴったり」な宮城酒を中心にラインアップ。

ジョニ黒
グラスワイン
ジントニック
モスコミュール
OLD MALT CASK

レコード酒場 ビートルmomo
［木屋町］

京都の磁力に誘われた 男ふたりは出会うべくして。

「年寄りがテリトリーにする街ではないだろう」と距離を置いていた木屋町で、それも新しくオープンしたバーで、すっかりくつろいでしまっている俺…。

実のところそんな情景は、訪問前から角野さんは予想できていた。出合いは雑誌の記事。おおっ70年代の名機スピーカーで音を鳴らすのか、とオーディオ好きは喜び、「最も惹かれたのは写真に写るお店の雰囲気とマスターの佇まい。自分に近いものがあると感じた」。訪れてみると、やっぱりね、とほほ笑んだ。「すごい音響装置を『ウチはこれでござい』と売りにする音楽バーは僕は疲れちゃう。こちらは『あぁ、いい音が聴こえてくるな』とリラックスを誘う音の在り方。マスターとは価値観が同じかな、とうれしくってね」。愛聴するマイケル・フランクス『アート・オブ・ティー』が流れてきたとき、常連確定ランプは点灯した。

引き寄せられたのかもしれない。マスターの肥田博貴さんも実は東京からやってきた人であり、2017年に京都に降り立つ前は銀座に店を構えていた。

角野さんが遊ぶ街として京都を選んだのは「緊張を伴う快感がある、人間磨きの砥石となってくれる街」だから。同じく肥田さんの目にも、京都が冒険の地に映った。「銀座での経験を全て捨ててイチから作り直してみようと思ったとき、京都だなと思いました。あえて厳しい街で勝負したかったんです」。銀座時代は路地裏の小箱だったが、前店比2倍の広さに加え、表通りに扉を設けるというパブリックな場として新生する。

「屋号にある〝レコード酒場〟のネーミングが、なんたっていい。バーではなく酒場という言葉をチョイスされるマスターが、僕は好きだなぁ」。この屋号も京都で新しくつけたもので、肥田さんは「バーをやっている意識は捨て、酒場や社交場のような場所で在りたい」と。つまりは大仏さんのような大きな手で万人を抱きしめる覚悟が、酒場の二文字に込められている。

「飲み手にとっての居心地の良さを第一に考える。マスターは哲学をお持ちだよね。こんなにくつろげるナチュラルなバーって、あるようでないよ?」。心の中でそっと針を落としたのは、ラブソングに違いない。

レコード酒場 ビートルmomo
［木屋町］

ジョニ黒ハイボール1,000円。名曲のカクテル1,300円～。コーヒー700円、キーマカレー800円。ノーチャージ。カード可。自家製チーズケーキ700円。●京都市中京区木屋町通四条上ル下樵木町204 啓和ビル2F ☎075-254-8108 15:00～0:00閉店（土・日12:00～） 水曜休

対談 船越英一郎

ふなこし・えいいちろう
1960年生まれ。「ふるさとは3つあると答えます。生まれた東京と育った湯河原、そして役者として育ててくれた京都だと」。京都の水先案内人として出演したBS日テレ『船越英一郎 京都の極み』の全放送回を角野さんは録画し、旅のネタ元にする。

角野卓造

芸能界きっての京都通として真っ先に名前が挙がるご両人。共に京都本を上梓し、ドラマ共演も度々。けれど、この街についてサシで語るのはこの日が初めてだそう。角野さんの行きつけ［レコード酒場 ビートル ｍｏｍｏ］
（Ｐ40）で、ふたりの京都愛が共振する。

働く京都に遊ぶ京都。入り口が違ったふたり。

船越 まず始めに言っておかなきゃいけないことが、この世界に入って初めてお食事に連れて行ってくださったのが角野さんだったんですよ。

角野 私としてもありがたいことにね…。

船越 市毛良枝さんとドラマをやらせていただいたときに「英ちゃんはどんな俳優さんが好きなの?」と市毛さんが聞くので、「僕は文学座の角野卓造さんに憧れ倒してます!」と。そしたら「卓ちゃん今日空いてる?」って、その場でお電話してくださって。その日の夜にご一緒させていただけたのは、まさに業界に入って一番最初にかなった夢!

角野 いやぁうれしかったですよ。憧れだなんて、そんなこと言われたことがなかったものですから。やっぱりどこかにご縁があってね。

船越 京都の話でいうと、僕からすれば京都って〝職場〟だったんですよね。東映京都撮影所に育てられたと言っても全然過言じゃない。若い頃は1年の半分以上は京都にいて、2時間ドラマをやるようになってからは京都と地方を往復する日々。東京には1カ月ぐらいしかいなかったと思います。

角野 私は船越さんと京都の入り方が全く逆なんですよ。京都撮影所の仕事をしたことがないものですから。

船越 そのお話を聞いて、もうびっくりしました。僕、28歳から41歳ぐらいまでは撮影所徒歩2分のところに部屋を借りていて。その後は、50代の半ばまでホテルの一室をずっと借りて、家具まで全部持ち込んで(笑)。京都にほぼほぼ住んでる感覚。だから当時は京都駅に降り立つと、駅員さんまで「おかえりやす」と言ってくれたんです。

角野 それは素晴らしいなぁ。

船越 京都はくるところじゃなく「帰ってくるところ」という感じでしたね。

角野 まぁこれは悔し紛れみたいなところもあるねんけど、私にとって京都は、仕事するところじゃなく「遊びに行くところ」。お客さんでくるところだな。

船越 京都の撮影所で仕事してますと、撮影終わりの飲み会というものが毎晩なんですよね。東京では20年ぐらい前から打ち上げすることが難しくなってきたけど、京都ではみんな羽が生えるんですね。僕はそれを〝デビル・ウィング〟と言っていたんですけど。

角野　わはは。いいですね。
船越　「そろそろみんなデビル・ウィング出そうか」って巻きで撮って。それがモチベーションにもなっていた。けれど10人ぐらいの大人数、それも毎日のことですから相当なお店のレパートリーがないとダメ。

対談
船越英一郎×角野卓造

角野　うわぁ、それは大変だ。
船越　時間が空いたら街を歩いて、匂いを嗅ぎつつ店探し。あるいは朝の軽いジョギング中にショップカードを集める。みたいなことをしてました。
角野　ショップカード集めは私もするよ(笑)。
船越　僕はね、角野さんみたいにおひとり時間というものがあまり得意ではなくて…。道連れがいないとダメなんです。
角野　劇団員って舞台があると稽古初日から毎晩飲み会、かつ、居酒屋に移動してもずーっと芝居の話をしてる。そういうことが40歳ぐらいから嫌になって。とにかく飲んだり食べたりするのは、なるべくひとりがいい。もし誰かとご一緒するにしても、芝居じゃない話がしたい。そんなことを思っていたら、ついにひとり好きになっちゃった。身も心も「ひとりでいいかな」となったとき、なんとなくマッチングしたのが京都だったんです。

さぁさ好きな店のこと、とくと語りましょ。

船越　(掲載店の写真を見ながら)それにしても角野さんって、お顔だけでおいしそうに見えるんだもん。おっ、ドロンと化ける「上七軒 ふた葉」(P26)のたぬきうどんだ。不思議と角野さんとは通ってるお店がバッティングしないんですよね。

角野 船越さんと共通するお店を挙げるとするなら「開花」(Ｐ62)でしょう？

船越 京都撮影所の前にありますので。ただ我々にとっては、なんのありがたみもなかったお店なんです。今は禁止されてるんですけど、昔は撮影所飲みを毎晩していまして、ひどいときは七輪で焼き物なんかまでする。そこでも「開花」は大活躍して、どーんと出前が届く。安いですからね。

角野 感覚としては社員食堂だったわけですね。

船越 いろんなところで舌を鍛えていただいて、はたと気づくんです。「…もしかするとここはおいしいのではないか」と。灯台下暗しとはこのこと！ それでご主人にインタビューをしてみましたら、まぁこだわってらっしゃるんですよ。

角野 麺打ってますからね。

船越 そうなんです。麺を竹で打たれたり、いろんなご苦労と工夫をされている。社食にしちゃいけないなと。それからは撮影所に新しくきた方をお店にお連れして、僕の仰々しいウンチクと一緒に食べていただく、ということを始めました(笑)。齢50になろうかというときです。20年ぐらい通ってやっとお店の真髄に気づくという。

角野 店を続けるということを当たり前みたいにされてるけど、それって大変じゃないですか。

船越 京都って親父の代からお世話になってるんです。親父が通ったお店にふらっと行って、昔話を聞かせてもらう。そんな楽しみ方もあります。

角野 思い出のページをめくれるようなお店、そういうところがずっと残ってる街って、そうあるもんじゃない。京都って30年ぐらい前の雑誌を見ても、ほとんどのお店が残っていますから。

船越 それでいうと、僕が小学校に入りたての頃に親父に連れて行ってもらった嵐山の湯豆腐屋さん、いまだに行ってます。

角野 私にとってそれは祇園にある「権兵衛」(Ｐ102)。22か23のときからだから、もう50年通ってることになります。

船越 京都だと100年以上じゃないと老舗と言うなよ、みたいなところがある。そんなバカな！って。

角野 ところで最近の私は〝船越折〟をオーダーして、東京のお土産にしてるんですよ。

船越 「いづ重」(Ｐ52)さん！

角野　ひと切れずつでいいから好きなお寿司を全種類食べたいっていう、船越さんオリジナルの折詰ね（笑）。私の希望ともピッタリ！

船越　…今食べたいです。この「わしょく宝来」（P38）というお店は、初めて聞きましたね。

角野　カジュアルだけれどちゃんとしたお料理が出る居酒屋でおすすめできます。気持ちのいい若主人で。

船越　そういうお店、絶賛募集中でございます。

角野　この本の一冊目のご紹介店になるんですけど「食堂おがわ」、こちらは船越さんがBSでやられてた番組『京都の極み』でも行かれてるでしょ？

船越　男の欲求を満たしてくれる「食堂おがわ」は本当に素晴らしい。あぁいう大人の居酒屋というものが、僕らの年代になるとそろそろ欲しくなるんですよね。これだよ、これを待ってたんだよと。
大人の男なんだけどポテトサラダをがっつりいきたい、みたいなダンディズムから外れた欲求ってあるじゃないですか。あと、街の洋食屋さんが進化したらどうなるんだろう？ ビストロじゃない、洋食屋がいいんだ…そんな思いをかなえてくれたのが「洋食 おがた」。ハマりましたね。年齢を重ねるとわがままな願望って出てきますよね。

対談
船越英一郎×角野卓造

角野　「洋食 おがた」は『京都の極み』を観てすぐお電話しましたから。あれを観てなかったら店を知るのが何年か遅れたと思う。

船越　そんなことを言っていただけて…。あっ、「牛おおた」（P88）だ。僕の行く焼肉屋さんはまた別の〝おおたさん〟で。ひとり焼肉をやるんだったらいいですよ。御所の近くです。

角野　御所の西側とかですか？

船越　10年前に作らせていただいた本（『船越英一郎の京都案内』）に載ってますから、ちょっと本を開きましょう。えっと、これですね。夷川の「にく処 おおた」。実はずっと行きたいお店があって、そこに向かっていたら近所で焼肉の匂いがしてきたんです。目当てのお店の取っ手に手まで掛かってるのに、そのまんま後ろ髪をヒョイと引かれ、ハッと気づけばお連れさんともども焼肉屋のカウンターに座っていた。いただいたらおいしいじゃありませんか。「でも今日こそはあの店に」と誓うのに、やっぱり「にく処 おおた」にいる。それを何度繰り返したことか。こちらご主人と奥様でやられてます。奥様がまぁ美人で。

角野　私がひとり焼肉してるのは〝白川通りのおおたさん〟。こちらはお姉さんと弟さんの体制で。つき添って焼いてくれるんだけど、このお姉さんが絶妙なタイミングでお肉を返してくれる。

船越　角野さん、さすがですよ。とにかく焼肉は目利き、そして焼き方ですから。

角野　だから大勢で行って、網の上にお肉を広げちゃあダメ。これは俺のって、いいタイミングで食べないとね。

船越　自分でお肉を育ててね。

ふたり、これからの〝京都づきあい〟。

角野　「1年のうちの60日や70日も京都にいるんやったら、どっかマンションでも買うたらどうですか」と言ってこられる人もいるんですけど、お客さんのまま帰りたいって。お客さんとして来て、お客さんとして帰りたい。それを貫きたいと思って。住むように暮らしてるみたいなときもありますけどね。お店に行くのが疲れちゃうとデパ地下で買い物して、ホテルで部屋飲みしたりしてますから。

船越　つくづく思います。うらやましいなって。

角野　月に1週間から10日は家を離れる。そのほうがカミさんも楽なんでね。俺みたいなうるさいのんがいないほうが。

船越　それも理想ですよね。歳を取ることが楽しみになってきますよ。角野さんになりたいなぁ。かつては1年の半分を京都で暮らしていた僕なんですけど、実は京都に来るのは3年半ぶりなんです。人生で最もブランクがあった今日、駅に降り立ったら涙が出そうになりました。

角野　まぁ、そうだったんですか。

船越　でも角野さんから、お客さんとして京都に遊んでもらってる、という話をお伺いしていたので。そのときにふと思いました。これからは僕も京都のお客さんになってみたいな、って。すると今までとは全く視点の異なる京都と出合えるんじゃないか。そうは言っても僕はひとり行動は難しい。道連れが欲しいものですから。『予約二名、船越英一郎でございます。』をさせていただこうかなと思います。

角野　ぜひそれ御本にしていただいて（笑）。

対談
船越英一郎×角野卓造

船越　いやいやそれは(笑)。もう一度、京都とおつき合いをし直せたらいいなと、真剣に思ってます。角野さんに教わったことです。

角野　素晴らしい締めくくりのお言葉をいただいて…。

船越　いや、締める気はまだないんですけどね。3年半ぶりに京都にきたものですから、お土産に買って帰りたい甘い物があるんですけど今日は何日だろう…あっダメだ。毎月20日・21日・22日、この3日間しか買えないどら焼なんですけど。

角野　ほう、どら焼ですか。船越さんは甘いもんお詳しいですなぁ。

船越　［笹屋伊織］さんという京菓子屋さんです。東寺の〝弘法さんの日〟(弘法大師の月命日である21日)にお寺に納めていたどら焼を、前後含める3日間販売してくれるんです。このどら焼、円筒形なんですよ。ロールケーキみたいな、なんて表現したら品がないって怒られちゃいますけど。

角野　巻いてあるんだ。で、それを切って食べるんですね。

船越　おいしいんですよ。この3日間に当たれば、京都駅とかでも買えますので。

角野　ええ話聞いたな。買って帰ろ。

船越　あとお土産と言ったら［緑寿庵清水］の金平糖でしょう。金平糖とハイボールが合いましてねぇ…。

角野　まだまだお話は尽きませんなぁ。

船越さんとの対談（P42）でも話題に挙った［いづ重］の船越折が豪華すぎるため全て書き出そう。鯖寿司、ちらし寿司、いなり、箱寿司、小鯛や平目など季節で変わる笹巻、そしてトドメの巻物3種！→P42

いづ重

［祇園四条］

連れて帰りたい京の味。そして「福は内」の味。

角野さんの場合、東京に帰る新幹線のなかではまだ、旅のエンドロールは流れない。デパ地下や街の寿司屋をハシゴして京都の味を持ち帰り、その晩、自宅で一献やるまで旅は続く。「カミさんと食べるんだけど、僕は先に料亭弁当のおかずのみでお酒を飲み、シメとしてお寿司屋さんで買ってきた巻物やおいなりさんをいただくの」。京寿司の折詰こそ、終点だったのだ。

［いづ重］で旅をシメられたならなお幸せ。最近のお気に入りは〝船越折〟なるもので、それは俳優の船越英一郎さんの好物である8種の寿司を全部盛りした贅沢折。グルマンな欲張りセットは、角野さんの心にもちろん刺さった。「いやぁこれはうれしい。船越君も、ご主人も、すごいの作ってくれはった！」

今も薪をくべたおくどさんで炊くツヤツヤのシャリは別格。8種の寿司には、麻の実やユズが入った唯一無二の味〝いなり〟や〝鯖姿寿司〟などの明治末期に創業した老舗の名代の他、現四代目が考案した〝海そう巻〟や〝粟麩巻〟といった現代京寿司まで。110年の歴史を横断するひと折の時空旅は、京都の食を愛する同志からの贈り物としか思えないのだ。特にいなりは角野さんの大好物でもあり、「京都に芝居をしに来ていたときはよく買って、芝居小屋の楽屋で食べていた」思い出の味。そして美味を共有したい人がいる。

「この船越折は息子夫婦のところにもお土産として持っていったんだけど、小学生の孫娘がおいなりさんを食べて驚いていたから。プチプチする麻の実に『あれ!?』って。初めての食感だったんだね」

いつも家庭に福を持ち帰っている角野さんだが、今日はひとり占めの美味を味わおう。「冬のごちそうやから」と店主の北村典生さんが用意してくださったのは、冬季限定の蒸し寿司。酢飯を外の風に一昼夜当て、酢の角を飛ばす…という作り方は、風が乾燥し冷たい冬にしかかなわず、夢幻の湯気に角野さんは顔をうずめる。さらに店内メニューをよく見ると「なんと、グジのひれ酒なんてあるんや…。ちょっと今度はお店のなかで、腰を据えなきゃなりませんなぁ」。帰路に向かうその一歩前に、楽しみが追加されたみたい。

いづ重

［祇園四条］

船越折2,400円の購入は事前予約が賢明。蒸し寿司1,800円は12月頭～3月末まで提供。1912年の創業時から守り続ける伝統の味と、ぐじ姿寿司といった四代目の北村典生さんによる新作寿司が揃う。●京都市東山区祇園石段下　☎075-561-0019　10:30～19:00閉店　水・木曜休

大阪で過ごした幼少期、お父上は喫茶店を経営。「船場の商人が朝の集会所遣いしてたウチと、旦那衆が集まるこちらは雰囲気が似ていて」。

前田珈琲 室町本店

［烏丸御池］

角野的・世界一の朝食！喫茶店で俺セットを楽しむ。

トレーニングウェアに首タオル。朝のウォーキングは「今夜もおいしいお酒を飲むためのベース作り」でもあるが、珠玉の街の味に出合うためでもある。歩くこと1時間ほど。グルマンの目覚まし時計が腹底から鳴ったところで、朝7時の開店直後に向かうのが「前田珈琲」の室町本店。注文の文言は決まっている。

「スペシャルモーニングをカフェオレで。パンは半分の量でお願いします」。ワンプレートにオムレツとベーコン、山盛りのキャベツにトマトやポテサラが乗ったそれが登場すると角野さんの腕が鳴る。「命題は、ひと切れのトマトそしてベーコンをいつ食べるかだな」と、ワンプレートの小宇宙を遊ぶ。老舗ベーカリー「進々堂」のざっくりとしたイギリスパンは厚みもあり、やはり朝は軽めにハーフサイズで、ということでしょうか？いや、もう少しで食べ終わるか、というタイミングで角野さんは二度目の注文を通した。「ナポリタンの小サイズをお願いいたします」。スペシャルモーニングのセットと小ナポリタン、これが角野さんの世界一の朝食。ちなみに同時注文をしないのは、出来たてのひと皿に集中するため。料理人への敬意から、ミニコース的な流れさえ自作するのだ。早朝に…。

「僕は朝だろうがタバスコはしっかりかけますよ。早朝からスパゲティ食ってるって、なんかいいでしょ？」。「前田珈琲」は京都市内に11軒を展開し、朝スパをかなえるのはそのうちの2軒。しかし角野さんは、通うのは本店だけだと忠誠を誓う。なぜ？

「本店のある室町・新町エリアは繊維問屋の街。呉服屋の旦那衆が仕事前に喫茶店に集まる、お喋りタイムがあるんですな。毎朝同じ顔ぶれでね。サラリーマンが孤独に朝食をとっているのとはまた違う、昔ながらの朝の風景が広がっているのが良くて。それで、僕が現れると『おぉ、また京都来とるんやな』『お邪魔してます』と、視線で挨拶を交わすんです（笑）」

その旦那衆は心の声をこう続けているに違いない。「角野さん、朝からよぉけ食べはりますなぁ」と。旅の目当ては京の食だけにあらず。暮らすように旅をする角野さんは、朝の喫茶店で街の地肌に触れていた。

前田珈琲 室町本店

［烏丸御池］

スペシャルモーニング1,180円（7:00～11:00）。中太麺やハムも特注する名物ナポリタンスパゲティ880円（小盛りは－50円）。創業者の前田隆弘会長が一番乗りで店に入り、コーヒー豆を焙煎。●京都市中京区蛸薬師通烏丸西入ル橋弁慶町236　☎075-255-2588　7:00～17:30LO　無休

実はモーニングメニューにナポリタンスパゲティは載ってないが、声を掛ければ作ってくれる（室町本店・明倫店のみ）。腹パンな角野セットで、ぜひ。

広東料理　鳳泉

［京都市役所前］

「ツマミになる焼そば」求め中華屋で挑んだデイゲーム。

　京都人の口に合わせてダシには昆布も用い、ニンニクなどの香辛料を使わないのはお座敷文化に配慮して。独自のロジックで京都流中華を作り上げた巨人、高華吉さんが最後に手掛けた店が［鳳舞］（２００９年閉店）。その系譜を継ぐこちらでは、高さんが生んだ名作のひとつ、スープに和カラシを溶かし入れた〝カラシソバ〟を目当てに行列ができるが、「なぜかここでは揚げ麺で作ってくれる焼そば派なんだよね。だから僕は、24番の炒麺（チャーメン）でお願いします！」

　ひとり球団のデイゲーム。指名選手は決まっていると、さらに角野さんはそれぞれの料理に振ってある番号を次々と読み上げた。「まずは６番の韮黄春巻（ハルマキ）でビールを飲み始め、次に24番の炒麺をツマミにして中瓶を飲み切っちゃう。そして27番の時菜湯でシメる、というのが昼の基本形です」。最後の〝時菜湯〟が気になって仕方なかったが、まぁそれは後述するとして、角野さんが愛する炒麺こそ［鳳泉］の名品である。

　行列店となった今、全ての麺を自家製で作ることは難しいが、炒麺用の麺だけは絶対自家製。揚げ麺にするのに？［鳳舞］時代より麺打ち担当の三野真人さんが説明する。「製麺所に特注するものでは太さや食感が別物。どうしても［鳳舞］のあの麺が食べたい、と常連さんに言われて。手厳しいです（笑）」。打つ蒸す揚げる、と手間は掛かるが、常連の愛念を麺に練り込む。

「自家製じゃなきゃダメだと頑に言ったお客さんのおかげで今、これが食べられている。感謝しなくちゃいけないな。麺が違うんだね。ここの焼そばを無意識に求めてしまう理由はそれだったか！」

　なぜか惹かれる、その原因を解明された角野さん。では〝アレ〟の真相解明もお願いします。「めちゃくちゃ値打ちあるで」と力説する時菜湯（と書いて「スープ」と読ませる）は、中華屋の命とも呼べる鶏ダシに溶き卵やシイタケを加えたシンプルスープ。「なんと税込み１７０円！この深い味わいは倍の値段を取っていただいても、僕としては大儲けなんだけどなぁ」と言って、あがりを飲むように一気にずずっと。どうやら本日もパーフェクトゲーム達成です。

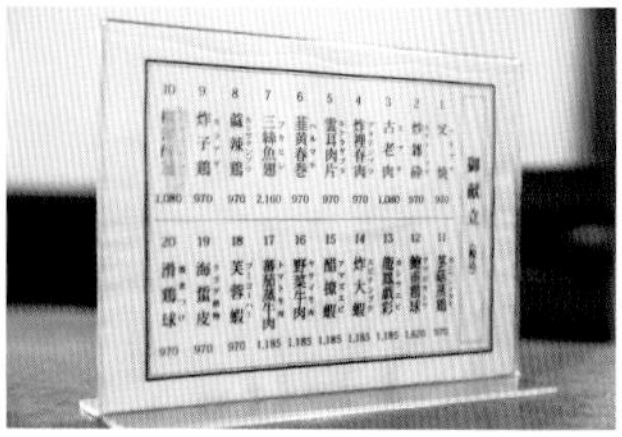

広東料理 鳳泉《ほうせん》

［京都市役所前］

　炒麺770円、韮黄春巻990円。クワイが入った焼売550円も京都中華の代表格。［鳳舞］の料理長を務めた福田功雄さんが店主。●京都市中京区河原町二条上ル清水町359 AXEABビル1F　☎075-241-6288　11:30〜14:30LO　17:00〜20:00LO　月・火曜休

背番号24番の炒麺が、角野的・昼中華飲みのエース。その食感もさることながら「野菜もたっぷりで最高のアテになる」。

定価1628円⑩
補充注文カード
貴店名
注文数
冊
書名
続・予約一名、角野卓造でございます。【京都編】
発行所
京阪神エルマガジン社
9784874356555
ISBN978-4-87435-655-5
C0026 ¥1480E
定価
本体1480円
＋税

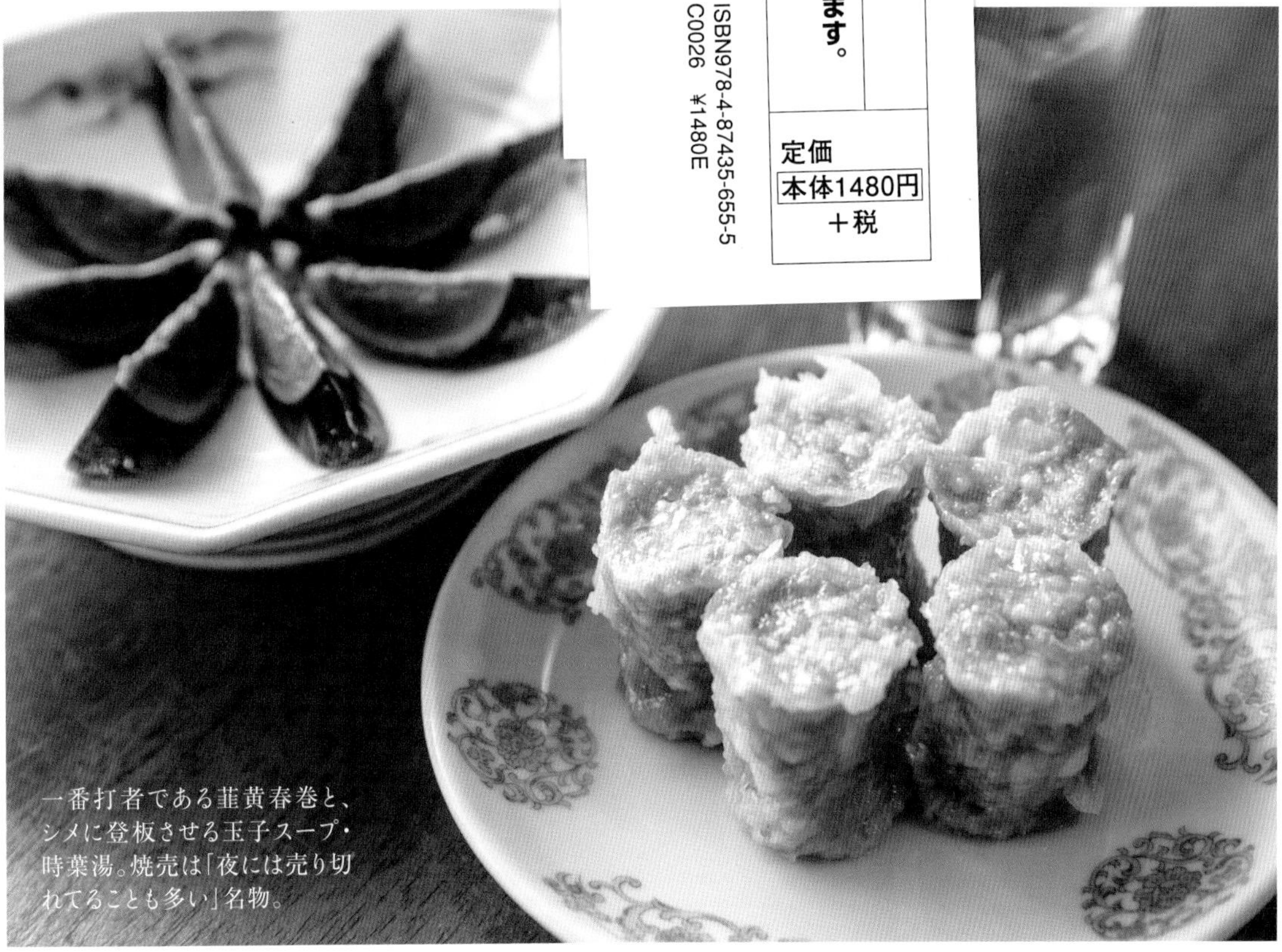

一番打者である韮黄春巻と、シメに登板させる玉子スープ・時菜湯。焼売は「夜には売り切れてることも多い」名物。

東映京都撮影所のスタッフや役者陣が"社食"遣いする町中華は、P42に登場の船越英一郎さんも愛する一軒。

廣東料理　開花

［帷子ノ辻］

奇跡の600円中華そばと町中華で見たい景色。

嵐電(らんでん)の愛称で親しまれる京福電気鉄道の路面電車に乗る、というのは「ちょっと遠足気分」。はるばるやって来たのは太秦、東映京都撮影所のほど近くにある町中華に、角野さんはとある店を重ねる。

「そのときはお母さんもいらしてね。ご主人である息子さんが中心となって店を回している。ご主人の奥さんかな？ と思ったのは妹さんだったんだけど、なんだか「幸楽」と雰囲気が似てるなって。ウチも、親父が亡くなって息子の私が店を継いだんだよなぁ」

中華屋主人の顔になりながら、太鼓判の一杯を語る。

「特筆ものは中華そばですよ。実はラーメンをメインテーマにして行ったわけじゃなかったんだけど、ご主人が竹を使ってぎゅっぎゅと足踏みする麺が、感動のおいしさ。あの麺はちょっとヨソにはないな」

太い竹にまたがり、全体重をかけてコシを与える自家製麺を打つ独特の製法。二代目の内海真也さんは高校生の頃から店を手伝い、この重労働な麺打ちをしてきたという。「僕が正式に店に入ったのは30歳のとき。親父が肝臓を悪くしたんです。でも、サラリーマンをしていた時代も仕事が終わってから麺を打っていたし、出勤前に仕込みもしとったんです。ウチの麺は竹を使って足踏みする、これが体力的にキツくてね」。しかし、今も麺を切る以外は機械に頼らない。しなやかな細麺を箸で持ち上げれば、瞳の奥は輝く。「麺がきれいやわぁ。時間を掛けて足で踏むから美しいんだな」。その中華そばが、なんと一杯600円。小麦の高騰などがみぞおちを狙ったが「僕の飲みに行く回数を減らせばいい」と軽く言ってみせる二代目。角野さんは「街の中華屋さんの良心だよね」と、じんとする。

看板職人が筆入れをした下げ札もいい味だ。「親父の時代には餃子とかの広東料理ってないので、中国料理の古い本を引っぱり出して名称を調べて。ただ、ミックス天ぷらの〝炸三様〟は僕が考えた当て字ですから、中国の人も意味分からへんやろな」と笑う二代目に、「やぁ楽しみです。次行くときはまたメニューが増えて、新しい字を考えてはるかも(笑)」。でも一番見たいのは、兄妹で店と味を守る家族中華の美景だろう。

廣東料理 開花《かいほう》

［帷子ノ辻］

叉焼麺(中華そば)600円の麺は、打った後に3日寝かせる。まるで親子丼の"アタマ"のような、鶏肉入り玉子焼き・鳳凰蛋(ホウオンタン)600円も、創業1971年からの名物。●京都市右京区太秦西蜂岡町9-99　☎075-881-9320　11:00〜13:45LO　17:00〜20:40LO　日曜休

ひとりで料理する店主をサポートするのは、奥様と娘さん。娘さんはうつわのセレクトや空間作りを担当。「そして奥さんがうまいこと捌いてる。かなりやり手の御方」。家族経営店好きな角野さんがジーンとくる酒場。

一品料理 高倉

[京都市役所前]

ひっそりと佇む渋店で短冊に美酒の願いを。

表の植栽は瓦屋根まで生い茂り、ひかえめに顔を覗かせる染め抜きののれんと、ほんの小さな屋号入り提灯。その店は、玄人衆が行き着く先といった感がある。

「短冊にはお値段がきっちり書かれ、ほとんどが3桁。けれど居酒屋料理ではなく、お料理屋さんのお味がいただける一番理想の形。かといって創作系という感じもあんまりないし、やっぱりどこか京料理のテイストはある。そこがご主人ならではのセンスでしょうな」。カウンターの上では短冊がひらひらと揺れる。何度となく通う角野さんは一品目に胡麻豆腐をすっと頼まれたが、しかし頭上の偉観を目にするたび「端から端まで全部いただきたくなる。飲みながら悩む、それが楽しいんだけどね」。なぜ悩むか。店主の後藤睦さんの素材の組み立てが、美的な遊びの豊かさに溢れているからだ。真骨頂は和え物。例えばマスカットと三つ葉が、牡蠣と柿が、小鉢で出合う。この日はタコとイチジクとオレンジが、大根おろしとフレンチドレッシングを誘い入れて戯れていた。「胡麻豆腐もそうだったようにこの和え物も、すーっと香りが伸びていく。なんだかご主人のお人柄を表す味というか」。聞けば店主、和食の修業をされた後、開店したのはトンカツ屋だった。そこで出し始めた一品料理が、あれよあれよという間に増殖。移転を機に今の小料理屋のスタイルに変えた。トンカツ屋で食べる一品だったから、意外性と自由度が高くなった？ 現在もトンカツの提供は続け、〝シメトンカツ〟が常連の定石だ。

ゆったりと飲める。短冊には書き込まれていない、酒飲みの願いがかなう店だとも、角野さんは言った。

「座席全てを埋めず、人でぎゅっとならんように席の予約を取る。そういった気遣いも含めて京都らしいお店だなと思う。もし「高倉」さんのような店が東京にあったとしても、それは高級店になっちゃう。京都の人が普段遣いする店、かけがえのない普通の店として存在してくれるところって、あるようでない」

ところで気になるのです。店主の姓は後藤さんであるのに、屋号が「高倉」のわけは？ 静かに指差した壁には、尊敬する人、高倉健のサインがあった。

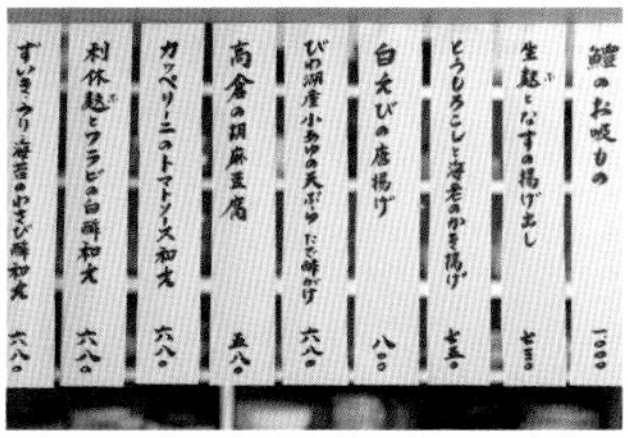

一品料理 高倉

[京都市役所前]

小上がりもテーブル席であり、その2卓どちらの壁にも約30枚もの短冊を貼り出す親切さ。予約は来店したい月の前月1日から受け付け（定休日の場合は翌営業日から）。1組につき4名まで。●京都市中京区夷川通河原町西入ル西革堂町205 ☎075-231-5633　17:30〜22:30LO　日・月曜休

お福

［東山］

帰りたくないふたりはうどん屋で「不良してる」。

京都滞在中の角野さんに旅の予定を聞くと、必ず挙がるお名前がある。その方は、『一澤信三郎帆布』代表の一澤信三郎さん。「仕事の休みができて京都に行ける日が決定すると、まず一澤さんにご連絡入れますから」と、飲む約束をする。これはそんなある日のこと。

「角野さん、ニシンとナス煮よろしいな」「おでんも食べなあきませんなぁ、一澤さん」。ふたり仲良く席を立ち、おばんざいが入った冷蔵ケースやセルフのおでん台から、口福を見繕う。こうして始まる夜の第3部は、街角にある小さなうどん屋にて。

「昨夜もツルんでたんやから、私が角野さんの京都旅を邪魔してるねん」と笑う一澤さんとは、飲み友達になって13年ほど。旨いもんを食べ、バーで落ち着き、そして名残惜しくもやって来たカボチャの馬車…いやタクシーのなかで、こんな合い言葉が頻出する。

「トドメ、刺しますか？」

ふたりの終着駅となっている東山［お福］は、『一澤信三郎帆布』のご近所にある一澤さん馴染みの店。平安神宮の大鳥居が目の前とあって昼は参拝客で店は溢れるが、店主の酒井嚴悟さんは21時～翌1時と時間を限定して、夜ものれんを掛ける。その4時間は〝街のみんなの食卓〟だ。遅い晩ご飯となってしまった家族や働き人がほっと安らいでいるし、ご両人のように、枕に顔をうずめる前の追い杯をする人も…。「まぁ0時まで飲んでるいうのんは、私らの年齢からしたら不良してるほうやで？」と、はにかむ一澤さん。角野さんは、その場所が街のうどん屋であることに感動する。

京都を旅して30年。「旅で得た人生の財産とはこの歳になってできたお友達で、その代表が一澤さんです。昔から通う地の店に連れて行ってくださるから、ただの旅人であるはずの僕の世界が広がった」。深世界の極みだろう。京都の地肌を見るうどん屋で、夜更け、あんかけうどんとコップ酒を楽しんでいるのだから。「地元のお店でコップ酒、これこそが最高の贅沢！こんな夜、ヨソもんひとりでやろうと思ってもできないよ…」。一澤さんは「角野さんはもう京都人や。間違いなく」と言って、おいしそうにコップの酒を舐めた。

お福

［東山］

うどんのたぬき650円。冷蔵ケースにある白和えなど、小鉢は300円前後。「京都の細いうどんはシメに優しいし、飲める小鉢もある。こんな心強い店ないわ」と角野さん。●京都市東山区三条通神宮道東町156　☎075-771-1461　11:40～14:45LO　21:00～翌0:45LO　月曜夜&火・水曜休

うの花煮
小松菜の白和え
小芋煮
しんじょう

ノープランの旅を楽しむ角野さんが唯一予定を入れるのが一澤信三郎さんとの飲みの約束で、「観光客は絶対いない、京都人が普段通う店」を遊ぶ。今宵はコップで燗酒ですか。

八百円

酒陶 柳野

［烏丸御池］

バーで京都の真髄を浴び そして人に酔うのである。

洋酒バーに来たはずが、バックバーであるはずのところに茶道の掛け花入れがあるだけ。「ね。独創的な空間でしょ？」と角野さんはニンマリ。店主の柳野浩成さんは言う。「味良し、うつわ良し、やかた良し、です」。こちらが掲げるコンセプトはずばり、茶室バーだ。

土壁に茶花が一輪。なぜバックバーはないのか、なぜ情報で売らないのか。その返答は「お茶室でもそこにあるのは主人と道具だけですよね」と明快。屋号に〝酒陶〟とつけた柳野さんは骨董収集家であり、客人の雰囲気を読み取り酒器を選ぶ、というのも茶道のもてなしに通ずる仕事だ。ここにしかない世界観。角野さんのお気に入りは店奥に広がる庭で、「すごく自然に、このバーの空間と地が続くように緑が生えているんです。枯山水だなんだを選ばないのが面白いなぁ」。そんな賛辞に柳野さんは「地球上に実存するどの地域の

その人の手に馴染むのは何年代の、どんなフォルムのグラスかを考える。店主はそれを「当たり前の仕事」と言う。

森の中やろ？ って感じですよね。和に居ながらも実は和から逃げている。そんな気持ちでやってます」。

店主の美意識はバーフードからもうかがえる。いや、バーフードと言っていいのか？ 本日の〝フィッシュ&チップス〟はなんとグジ、それも松笠揚げ仕様である。バーであるからフードはあくまで脇役、と言いつつ「仕事はキッチリ和食の本流で。今は魚も野菜も年中欲しいものが手に入る時代ですが、今食べてもらいたい旬のものしか追い掛けません」。「壁を作っておかないと、ぐちゃぐちゃになってしまいますもんね」と角野さんもうなずく。さらに造りまで用意し、メニューに〝カツオ〟と書かれているのは〝ヨコワ〟のことだという。「昔の京都ではヨコワのことをカツオと言っていたんです。今はヨコワと表記しておいたほうが無難かもしれないけど、お話に繋がりますから。京都の魚の話は面白いです。時季によって扱う魚は決まっていましたし、文化の違いもあった」。京都ならではの食の決まりごとも守る姿勢に、角野さんは感動しきり。

「自分というものを明確に持っていて、それを打ち出せる人ってそういるかな？ 食事をいただくのは今日が初めてだったけど、今までなんてもったいないことを…。いやぁいいですね。楽しみが増えました！」

酒陶《しゅとう》 柳野《やなぎの》

［烏丸御池］

フィッシュ&チップス900円〜はグジの他にアナゴなど時季により変わる。九条ネギが旬の時季にはてっぱい600円〜が登場、さらに椀物まである。ワインや日本酒「ご自由に」。チャージ600円。●京都市中京区三条通新町西入　☎075-253-4310　18:00〜翌1:00閉店（フード〜0:00LO）　無休

醇酒『十旭日 19BY』で昼飲みとはたまらん…。上右写真が、天ぷらの魔法を知る大根だ。

奇天屋

［四条烏丸］

「気迫を感じる」高温の想い。天ぷら屋で酔いしれる、昼。

ゆったり昼酒を楽しむのも、旅の目的。洋食屋のランチセットでビール、蕎麦屋で日本酒もいいが「天ぷら屋で昼から飲むというのは、上級感を味わえる」。けれど天ぷらは江戸の文化。「だからこそ京都にこんな希有なお店があることがうれしかったし、コース天ぷらが4000円とコスパが高い。東京の天ぷら屋は高級になりすぎてるんだな…ご主人の気迫を感じます」

「京料理では、天ぷらは〝流れの中のひと皿〟だと捉えられている。天ぷらだけだと『それしか出せへんの？』と言われてしまう」と、難攻の地で店主の高木正弘さんは孤軍で挑む。「料理の世界において天ぷらは、全くの別次元に存在する。まずはそれを知って欲しいんです」。そう言い終えると、ジュワーッと旨そうな号音を鳴らし、天ぷら的・美味の化け学講座は開幕した。

角野さんの舌を驚かせたのが、大根の天ぷら。「大根を揚げるとこうなるんだ、とちょっと意表を突かれるお味。あんまりにもおいしいから下茹でしたり下味をつけてるのかと思っていたんだけど」。それは高木さんに言わせれば天ぷら屋の御法度、生のまま揚げる。

「天ぷら屋は油のなかでしか調理をしないのが大前提。大根は低温で揚げることにより、堅いものが柔らかくなり、辛みが甘みになる。逆にエノキは高温を使うことで、香りと歯切れを良くさせる。油のなかで変化が起きる食材を見極めることが、仕事です」。そんな硬派な姿勢にパチパチと胸も跳ねる。「単純に見える作業のなかで実は複雑な変化が起こっている。ご主人はそれに対応しているわけなんだからマジックや…」

高級路線に走ることはたやすい。しかし、使命は天ぷら人口を増やすことだと自誓する。「食材を工夫し、価格を抑えることで、天ぷら＝ご飯の上に乗ってるもんだと思っている若い人にも天ぷら文化を伝えていきたい」。独行道を進む店主は酒のセレクトだってちょっと違う。「めっちゃ渋いんですよ。マニアックな『秋鹿』『十旭日』の熟成酒だとか、いきなりそれですか？ みたいなところを突いてきはる」。これも天ぷら屋のマジックでしょうか。昼間から天ぷらと熟成酒を味わい、角野さんの顔もこんがりと揚がった。

奇天屋

［四条烏丸］

8〜9品の天ぷらが提供される昼のおまかせ4,000円。昼は1,400円〜、夜は5,000円〜コースを用意。全8席のため予約が賢明。●京都市下京区綾小路通高倉西入ル神明町230-9 ☎075-365-9108 12:00〜14:00LO 18:00〜22:00頃LO 日曜休（祝日の場合営業、翌日休）

Bistro l'est ［東山］

ご夫婦が〝同志〟に捧げる昼酒の愉楽ビストロ。

陽光を受けたフルートグラスがさえずる。

「できれば人が働いてる時間に飲みたいという欲望が僕にはあるから。16時半とかちょっと早めに開店するお店がうれしくなるんだけど、15時開店となると、これは〝めちゃめちゃうれしい〟となるよね」

天国のビストロだと言ってしまおう。角野さんがいたく感動したのは「カジュアルなんだけれど、僕ら世代には懐かしいエスカルゴや、ウサギを使った料理なんかも食べさせてくれる。クラシックも大事にされているんだなぁと感心しましてね」。昼下がりにびしっとフレンチの真剣を抜きながら、いわゆる〝とりあえずの一品〟が、こちらではフォアグラのプリン300円、である。「流行り言葉はあんまり好きじゃないから使いたがらないんだけど」と角野さんは前置きしつつも、「…コスパが高い！」と言わざるを得なかった。

営むのは、萬木卓也さん・亜図沙さんご夫妻。京風フレンチの名店で修業した卓也さんが、奥様と共にオープンしたコース一本のレストラン「ル コント」が店の前身。京都ならではのフレンチを突き詰めていたが、移転を機に、スタイルや名前さえもあっさり変えてしまったのだ。卓也さんが心の内を教えてくれる。

「それまでは自分の頭のなかで考えたものをお出ししていた。そうではなく、フランスで昔から食べられている郷土料理をすることなく、フランス料理と名乗っていいのかな、と自分のなかでしっくりとこなくなったんです」。それから源流を探るよう、手間暇掛かるシャルキュトリーやソーセージの自家製に挑戦。「失敗したらちゃんと失敗する。面白いです」と笑う。そして「食べ飲みが好きな自分たちが行きたいお店」を具現化したものだと亜図沙さんが説明した15時からの開店は、いわば同志たちに贈る口福への通行手形だ。

食後酒だけでも40種近くを揃え、昼から全開で楽しめるから「お昼からワインのボトルを開ける方が多いですね。一番長い方で開店から閉店まで…」。角野さん、うわぁと驚きつつ「僕もひとりマラソンやってみようかな」とエントリー。街遊びにも陽光が射した。

Bistro《ビストロ》 l'est《レスト》

［東山］

イノシシやブータン・ブランなどソーセージ3種盛合せ1,400円。シャルキュトリー5種盛合せ1,800円。自家製デザートも約10種用意し、前菜〜メイン〜シメまでの完走を目指したい。●京都市左京区東門前町503-4　☎075-771-8894　15:00〜21:00LO　月曜休（祝日の場合営業、翌日休）

先斗町 ますだ
［先斗町］

「一朝一夕には完成しない」老舗のすごみを杯に注ぐ。

「許されるなら端からひと口ずつ、全種類をいただきたいけど…そういうわけにはいかないものねぇ」。食いしん坊を悩ませるL字型のカウンターは全席がアリーナ席といったところで、並ぶ約30品ものおばんざいがツヤツヤと輝いてアピールしてくる。斜め左にあるニシンの煮付けはさすがのオーラを放ってくるが、おっと、先に角野さんに語りかけたのはタラの子煮とナマコ酢のようである。「日本酒の恋人、ホンマその通りやわ！」と角野さんに言わしめた〝山ふぐ〟なるコンニャクの甘辛炊きは、カウンターの一番端にいながら見事選抜入りを果たした。「あと、名物のきずしはいただかないとね」。ひたすら悩む楽しみを堪能したら、あとは静かに杯を傾けるのみだ。

日本酒の銘柄はひとつ。1952年に創業した当初から広島の『賀茂鶴』のみと決めている。「今でこそ地酒がブームというか日本中のお酒が手に入りますけど、母の時代はそうではなかった。さらに京都には酒どころの伏見がありながら県外のお酒を飲んでいただくというのは、当時としては珍しかったと思います」とは、三代目の太田晴章さん。一本道を貫いた店の気骨に口をつけ、料理を味わう角野さんはしみじみと語る。

「出来たてアツアツのもんだけがごちそうじゃないんやな、と思い知る。冷めていてもおいしいということを成立させるお料理は、一朝一夕で出来上がるものじゃない。時間の積み重なりを感じるんです」。そんなドラマを味わう老舗には玄人筋が集う。「僕のなかでは、いいおっちゃんと会える店！　武装解除して飲めるからほっとします」とジンワリする角野さんに、「お酒は一日の終わりのご褒美。これがないと寝つきが悪いですもんね」と三代目が優しい言葉を掛ける。年輪の厚みで飲ませてくれるカウンターなのだ。

この10年間ほどは京都に年間60日以上滞在する角野さんは、江戸からの客人を京都でもてなす機会も多く、そんなときはこちらにアテンドするのだそう。

「お料理にしろお酒の出し方にしろ、揺るぎのないものを感じますな。完成度が高いお店、京都の間違いないお店だと言えます」

先斗町 ますだ
［先斗町］

司馬遼太郎にも愛された老舗おばんざい屋。きずし880円は角野さんのマスト。山ふぐ770円など。『賀茂鶴』の樽酒は1合1,100円。来店前の予約が賢明。撮影後に一部内装に変更あり。●京都市中京区先斗町通四条上ル下樵木町200
☎075-221-6816　17:00～22:00閉店　日曜休

これを飲まずして…な『賀茂鶴』の樽酒を頼むと、酒好きを喜ばせようと大将、「少し大きめ」と表現した徳利は顔より大きかった。

独酌派の角野さんは「口開け（開店直後）の澄んだ空気が好き」。一番乗りのお客におばんざいたちが「いらっしゃいませ」の第一声。

角野さんに「トンカツの口になれば京都に来ればいい」とまで言わせた逸品は、クリアジュースのような脂とクリスピーな衣がお腹に軽く入っていく。

プチレストランないとう

［京都市役所前］

独創の世界をゆく洋食屋に浮気できないトンカツがある。

20年前から店に通うのは「芸能人さんのなかでも最長記録」とは主人の内藤毅彦さん。初めての来店となったのは開店して3カ月目、当時はビルに入居する4坪8席の小さな洋食カウンターだった。ところが2014年の移転で広さも趣も大変身。築100年超の蔵つき古民家を改装した広壮な店となり、角野さんいわく「洋食屋さんと聞いて想像できるレベルのお料理じゃない！」新世界へと誘い入れる。それは、洋食割烹と表現するのが適切だろうか。「洋食とは洋風和食である」という哲学がある内藤さん、さらに京料理まで感じさせながら割烹的洋食コースを組み立てる。

「季節感もしっかりと大事にされる内藤さんならではの独創的なお料理。お箸であれこれいただきながら、一品ごとにいろんなところへ飛ばしてくれるのがうれしい。よぉし欲望全開だ、針を振り切るぞと、僕はお料理に合わせてお酒も変えるんです。白ワインから日本酒、そっからシャンパンという夜もあった。だけどメインはずっと、一途にトンカツなんだよなぁ…」

洋食の王様・ハンバーグにクリームコロッケなどコースのメインは15種類から選べるというのに、どうしても角野さんが〝推し変〟できないトンカツなのである。クリアな脂が特徴的な岐阜県・養老豚のロースを繊細に火入れし、美しい脂が口中を満たすものだから「では日本酒をお願いしましょう」って、日本酒×トンカツは言うまでもなく新世界…。「欲望を解放したいとき、角野さんはうちを思い出しはる（笑）」と、内藤さんはこっそり教えてくれるのだった。

その後、2019年に「プチレストランないとう」は3度目となる移転を。新天地ではコースをやめ、自由度をもっと広げたア・ラ・カルトの洋食店へとスタイルチェンジ…という新境地だ。トンカツもバリエーションが増え、気になりすぎる〝溺れトンカツ〟やトンカツを生地に見立てた〝ピザカツ〟など、トンカツの可能性を広げるメニューに溢れているが、「やっぱり角野さんはベーシックなローストンカツで日本酒を飲まれてましたよ」とは女将の志保さんの証言。どうやらマイ・ラブ〜は揺るがないようで。

プチレストランないとう

［京都市役所前］

トンカツのロースは120g 1,300円〜。“トンカツトッピング”ではなくトンカツが生地というピザカツ マルゲリータ1,500円も口福の新体験。予約がベター。●京都市中京区麩屋町通押小路上ル西側尾張町217 サンロータス池治1F ☎075-211-3900 12:00〜0:00LO 月曜休

御料理 めなみ

［三条］

酒場で観るファミリードラマ。「家業とは」を考える。

木屋町通りに、大木のようなその店はある。

「20代のときは、俺みたいな貧乏新劇役者が行っちゃあな、と遠慮したものです。著名なお店でしたから。初めてお邪魔できたのは、30を過ぎてからです」。若葉の頃の思い出をツマミにして、今は渋く燗酒を啜る。そんな、過去と現在の交信を可能にする老舗が、街にあるありがたさ。創業は1939年。四代に渡って家族で綴ってきた80年余りのファミリーヒストリーを、女将の勝田桜子さんが教えてくれた。

創業者はおばあさまで、焼鳥とおばんざいの店として開業。『細うで繁盛記 京女篇』が撮れるほど街の評判を集めた店は、板前修業に出たご長男が継ぐかと思いきや、「伯父は役者になる夢を捨てられなかったみたい（笑）」と桜子さん。その御方とは…角野さんとも親交の深い名優、近藤正臣さんである。「ですから長女の旦那、つまり私の父が二代目を継いで。料理の修業経験がない父は『世界の家庭料理もおばんざいと言ってええんちゃうか』と、水餃子や渡りガニのキムチ、ソーセージをやってみたり。独学ながら自分で道を開拓していく人でした」。そして三代目のお母上、四代目の桜子さんと続き、家族史を書き込んだようなお品書きは完成。高校生のときから店を手伝い、代を継ぐことは「自然な流れでした。家族でやってる店ですので、あらたまって襲名披露というようなものをやったわけでもありませんしね」と語る桜子さんに、角野さんはとっておきのエピソードを蔵出しする。

「その〝役者になった伯父さん〟にあるとき、『今度、宴会でお邪魔するんです』とお伝えすると、『おおきにすんません』と一瞬で役者から店の人の顔になられた。あのときは役者・近藤正臣じゃない。［めなみ］さんの方でした。店に立っておらずとも、やっぱり家業なんやなぁ、そういうものなんだなぁ、と思いましたね」

もはやこちらの家族の伝記、ドラマシリーズ化できるのでは…？「それは絶対観たい！」の待望論に、桜子さんは「歴代のエピソードがどーんとありますので、私の代は最終話にほんのちょこっとだけ」と謙遜。ふたりして笑い合ったのだ。

御料理 めなみ

［三条］

グジ造り2,200円、生湯葉の春巻き880円、ナスの煮びたし550円。初代の名残りである大皿のおばんざいと、二代目による創作系メニューが同居。●京都市中京区木屋町通三条上ル中島町96 三条木屋町ビルⅡ1F ☎075-231-1095 17:00〜22:30LO 水曜休（祝日の場合営業、翌日休）

京料理　瓢正

［木屋町］

静かな昼酒をご所望なら木屋町の小橋を渡るべし。

通りを流れる高瀬川では観光客が写真撮影にいそしむ、昼の木屋町。京都の木陰で羽を休めたいはずの角野さんが、ど真ん中のエリアを目指すとは意外…？高瀬川に架かる小橋をひょいと渡ると、川のほとりに昼酒剣士の隠し剣があったのだ。

「外がうわぁと賑やかなのに、のれんをくぐるとスッと空気が変わる。すごく静かで、その切り替わりの瞬間を味わうのがまた気持ちいいんだな。扉ひとつで昔の京都に戻る感覚かな」。静穏なひとときを求めるとき、ここ京割烹の老舗「瓢正」を思い浮かべるのだそう。昼のミニ会席も用意されているが、角野さんはおまかせコース一択。正統を味わい尽くしたいのだ。

「流行り廃りのないオーソドックスなものを出してくださる。それは今の新進気鋭のカウンター割烹とはやっぱり違う。かといって気楽さもあり、店の雰囲気といいサイズ感といい、着流しでさらっと入って行けるニュアンスがある。その自然体なところが大人向け

木屋町ながら、のれんをくぐれば別世界。5品盛りの八寸や名物・笹巻ずしなどが登場するコースで「優雅な昼」を味わう。

創業70年の品格を知る味わい。真鯛の下に透けて見える木の芽も美しい笹巻ずしは、笹の香りがふわりと立つ。

のお店だなぁ、割烹の本来の姿だなぁと思うんです」

店名を見てお気づきの方も多いだろう。こちらの先代は料亭［瓢亭］のご出身であり、1952年の創業時は花街の宮川町近くに店はあった。二代目の森住文博さんが、お父上の奮闘記を語る。「当時、開店を報せる手段は新聞の折り込みチラシだけですが、(宣伝費をかける)お金がありません。人から人へと伝達される目玉が要ると考えはったわけです」。それが〝笹巻ずし〟。お茶屋の手土産として重宝され、包み紙の印字で店の名前や所在地を知った人が、今度は［南座］の楽屋見舞いに遣い…。そうやって人づてに広まった名物の笹巻ずしは、川端康成の小説『古都』にも登場。おまかせコースのシメも飾る。

瓢箪の形をした徳利にぬるめにつけてもらった燗酒を注いでもらい、ゆっくりと胃を起こす昼。角野さんが背を向けた窓からは陽光が射し、白木のカウンターを光らせる。店主の高下駄の音だけが響くなか、街に愛された逸品をつまむ、和みの刻。「優雅なお昼といったところやな」。京の風情を味わうなら木屋町。全然、意外な選択じゃやなかった。

京料理 瓢正《ひょうまさ》
［木屋町］

昼のおまかせコース8,800円～、通常2個の笹巻ずしがつくが追加も可能。笹巻ずし5個と吸い物のセット2,860円。●京都市中京区西木屋町四条上ル三筋目角紙屋町361 ☎075-221-4424 12:00～14:00LO 17:30～21:00LO（持ち帰りは11:00～15:00、17:00～21:00） 火曜休

牛おおた

［浄土寺］

角野式・肉焼き講座が
ひとり焼肉の楽天地で開講。

「大勢で焼肉屋さんに行っても、これ俺の！と個人プレーで焼きたいのが本音。網にどばっと乗せるんじゃなく、自分のペースでゆっくり焼きたいの。だから心強いですな。ひとり焼肉ができるというのは」

板さんをぐるりと囲むカウンターは、1979年の創業時からのスタイル。「ほんと、カウンター割烹の距離感だものね。僕は先代の時代にもお邪魔してるんです」。割烹焼肉のハシリと言えるお父上の店を二人三脚で守り継ぐのは、太田共子さんと聡さんの姉弟だ。共子さんいわく「今どきの方はむしろカウンターに座りたいみたいで、ひとり焼肉、それも若い女性が増えています」。カウンター席では多様の部位を一貫ずつ提供してくれるおまかせコースもあり、といわゆるおひとりさまセットとはひと味違う、店の心遣いが泣ける。

小盛りにしてもらえる韓国風春雨などの一品や、人気のタンとテールの煮込みをつつき、感じるのは「やっぱり京都のお味だなぁと思えます」。ならば急いでア

レと合流せねば。「こちら日本酒は『秋鹿』一本槍。素晴らしいでしょ？ しかも口開け（開栓後の一杯目）だし、一合盃とは、うわぁよろしいな」。舌も整えたところで本日のメインイベントに移りましょう、とついにトングを手にし、悲願の個人プレーは始まった。

サシの天の川が流れる三角バラや肉厚のヒレなど、全5種の肉を一枚入魂で焼いていく角野さん。ただし網に乗せた肉を凝視するのではなく、姉弟と談笑しつつ、だ。「ほっといたらアカン、しかしずっと見ていてはフライングしてしまう。わざと目線を外し、時々、横目でチェックしていると肉に呼ばれる。『ひっくり返して』って」。たちまち始まった角野流焼き講座に「なるほど『目を離す』の発言はメモですね。せっかちな私には勉強になります」と共子さんも乗り、笑い合う。「勝手なことを申しましたが、こちらのお肉は質がめちゃくちゃいいから。口のなかでスッと溶けて、あぁどうしましょ…」。ご自身は『秋鹿』に「さぁ飲んで」と呼ばれるようで、一合盃からは目が離せない。

角野さんが日本酒一合を空にするタイムスコアは〝肉3枚〟であったことを、お伝えしておきます。

牛おおた

[浄土寺]

カウンター席限定の肉おまかせは7,700円〜8,800円が目安。韓国風春雨の一人前サイズ600円、タンとテールの煮込み1,000円。『秋鹿 千秋』1合800円。●京都市左京区浄土寺真如町164-9　☎075-751-7888　17:00〜22:00LO　月曜休（祝日の場合営業、翌日休）

NOILLY'S Coffee & Spirits ［木屋町］

酒の大河・木屋町で知る新しい夜の終わり方。

氷がカランと音を立てる。それは夜のエンディングへと向かう号音だった。料理屋やバーをすでに巡っていた角野さんはここでの一杯目となるボトラーズ・ウイスキーのソーダ割りを飲み干すと、どこかうれしげ。読心術めいたことをさせていただくと〝…きたかこの瞬間〟と呟かれたはずで、声を整え言ったのだ。

「コーヒーを、お願いします」

酒を嗜むようになって半世紀は超える。それでも街はまだ、新たな遊びを教えてくれたのだ。

「今までになかった夜のシメ方を僕は知りましたね。僕ぐらいの歳になると、自分で上がりを決めなあかん(笑)。飲み歩いた最後のバーで豆から挽いてくださるコーヒーを飲み、おだやかな気持ちで帰る。気持ちを収めて帰る。なんといい時間なんだろうなって」

美しい夜の脚本を書き上げたのは野杁《のいり》秀二さん。１９８６年からここ木屋町でバーの正統を貫いたベテランバーテンダーが２００９年、３坪半の店に掲げた看板は「コーヒー・アンド・スピリッツ」。趣味でコーヒーを究めていた野杁さんはある日、気づきを得たという。「銀座の「カフェ・ド・ランブル」(コーヒーのみ提供の名喫茶)に行って、これバーやなと思ったんです。アイテムが違うだけでコンセプトは一緒ですよね。ならばバーでコーヒーを出してもええやろうと」。

素材への理解と技術が極上の一杯を作り、くつろぐ空間も用意する——コーヒーカップのなかにバーテンダーの仕事と重なるものを見たのだ。

「待つ時間のまあ優雅なこと…」。豆を挽く音に耳を傾け、鼻をひくひくさせる角野さんのまぶたはゆるゆるとほぐされていく。待ちわびた6分後、カップに口をつけると肩がストンと落ちた。「値打ちあるわぁ。『うわぁおいしい』と声を上げたコーヒーはこちらが初めてだし、煎茶もそうだけどさ、こうして丁寧に淹れたおいしい一杯だからこそ、人はコーヒーを飲み始めたはずだと思うなぁ」。まさかバーでコーヒー文明の源流を辿る脳内旅に出られていたとは…。そんな夜間飛行も、ここでしか体験できないだろう。「京都旅は人生のご褒美」。またひとつ、ご褒美＝遊びが増えた。

NOILLY'S Coffee & Spirits
［木屋町］

ネルドリップで淹れるコーヒー700円〜。5種類の豆から気分や嗜好に合う最適な豆をセレクト。希少なシングルモルトだけでも50本近く揃えるウイスキーも圧巻。ノーチャージ。●京都市中京区西高瀬川筋四条上ル紙屋町367 たかせ会館2F ☎090-3672-2959 18:00頃〜翌2:00頃閉店 火曜休

受取り・返却口
あっあつをお受取りください
代金と交換でお願いしま

京 聖護院 早起亭うどん

［聖護院］

安い・早い・秘境感。三文以上の早起きの徳。

「今宵もおいしい酒を飲むために」旅人は早朝、まだ寝ぼけている京都の街をウォーキングする。ポケットに忍ばせるは千円札2枚。汗を掻きつつズンズン歩き進める角野さんは、配送トラックが駐車する建物のなかに消えてしまった。看板には［谷口製麺所］と書かれているが…コースアウトですか？

「ウォーキングの合間に、製麺所で〝うどんモーニング〟だよ。いつもはトレーニングウェアに首タオルだから、僕だって気づかれないけどね（笑）。ちょっと屋台っぽい独特な雰囲気が面白いし、お店の前に疎水があるというロケーションも良くて」

早起きは美味の徳。積まれた麺箱の先に、ビニールシートで覆われたうどん屋はあった。開店は朝の4時から。開店すぐは京大寮生やクラブ帰りの若者といった徹夜組が夜食を求め、そこから通勤途中の朝食へとうどん需要は変化。おやすみとおはようが交差する。「今日もやっぱり〝おかあちゃんのうどん〟だな」。

注文口で角野さんが受け取った玉子とじうどんは400円。製麺所が作るうどんは〝吟醸うどん〟と名づけられ、小麦の中心部のみを使用し、聖護院に湧く清冷な地下水で打つ。雑味のないつるつるのうどんを一気に啜り、ここは給水場とばかりダシをごくごく。

「なんかいい朝でしょ？ 初めてお邪魔したときは感激しましたよ。健康的な朝食だし、寒いなかを歩いてる冬なんか、あったかいおうどんが救世主に思えるぐらい沁みるんだから。ダシもちょっと甘口でね」

1923年創業の老舗製麺所がイートインを始めたのは四代目の谷口秀弥さんから。「うどん3玉100円が普通になり、スーパーさんをお相手にしていると（卸価格を）1玉10円で…なんて要望もあった。バイヤーさんの顔色をうかがうのはもう嫌だ。それなら、どないしてうどんを食べはるのか、お客さんの顔を見たいと思ったんです」。秀弥さんが子どもの頃、忙しい家業の合間に母親が作ってくれたのが、この玉子とじうどんだった。京都のあさげは、癒やしの味。

ところで、ヘルシー極める角野的朝活のゴールは「ホテル帰ってもうひと眠り（笑）」だそうです。

京 聖護院 早起亭うどん

［聖護院］

おかあちゃんのうどん400円。2018年に［谷口製麺所］は閉業、現在はうどん屋としてのみ営業。ただし製麺所の駐車場を利用した屋台風の雰囲気は変わらない。左写真は、四代目と妹さん。8:00&12:00がピークタイム。●京都市左京区聖護院蓮華蔵町9　☎075-761-0091　4:00〜13:00閉店　水曜休

旅人の朝はウォーキングから。
のぞき見、朝さんぽ。

晴天を仰ぐのです、と高さ24mの平安神宮大鳥居がどーんっと。

歩数や距離に縛られることなかれ。自由こそ心の健康！と万歩計は持たず。

「何年代建造のお宅だろ」と"見"築する住宅街に、突如現れる南禅寺総門。

壮大な三門、浄香台、水路閣…南禅寺の境内をぐるっとウォーキング。

不思議トンネル・ねじりまんぽは、螺旋状にレンガが積まれた明治の遺産。

ボーナスステージとして、ご友人が神輿会会長を務める粟田神社にお参り。

京都旅の原点であり、昔よく舞台に立った旧京都会館に「懐かしいなぁ」。

「全身ユニクロですよ。首のタオルは喉を冷やさないためにも必須！」

スタートはだいたい5:30頃。所要1時間を目安にコースを組む。

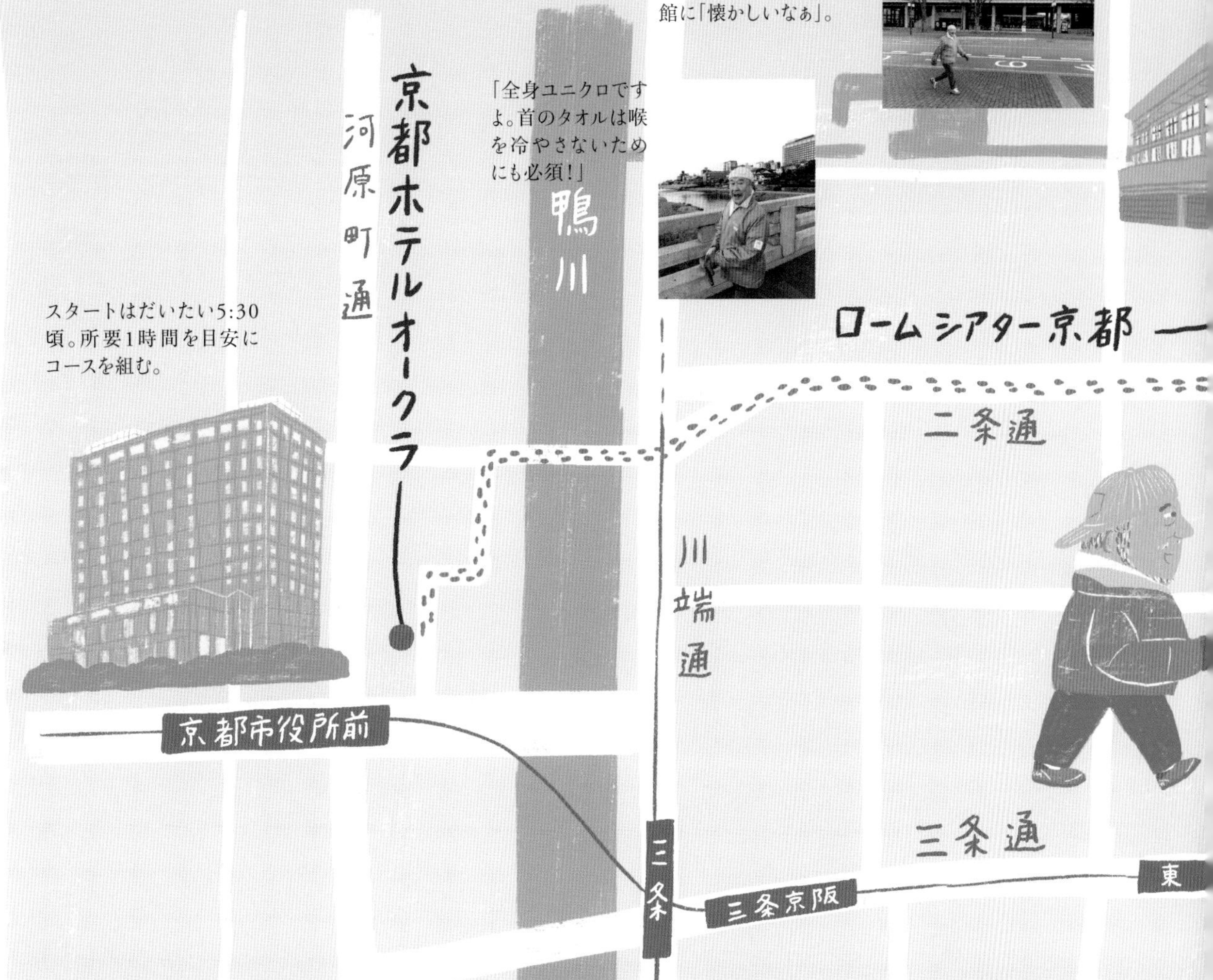

とことんお忍ばない旅、朝から街をウロウロ…。

「全くお忍びいたしません」と宣言する角野さんは朝も、トレーニングウェアスタイルで街を歩き回る。ウォーキングコースの手札はいくつかあり、この日は南禅寺コースをチョイス。

「東京で日課にしてるウォーキングは健康のためだけど、京都では朝のひんやりとした空気の気持ち良さとか、人のいない時間を味わいたくて歩いてる。平坦な道が多い京都は歩きやすいしね」

リラックスモードで歩くポケットのなかに、必ず入れてるものがあるとか。

「バスや電車に乗るためのＩＣＯＣＡ（ＩＣカード乗車券）と、万が一のタクシー用の2千円。歩き疲れちゃったらバスとか利用すればいいや、って（笑）」

どこまでも自然体な旅なのです。

今日もいい朝でした、と拝んだ後は「ようけ歩いたし、もう電車乗ろか」。

喫茶チロル

［二条城前］

ふと、会いたくなるのである。〝味あり〟親子と逸品と。

「あのぉ、一緒にお写真って…」。モジモジしながら喋りかけてきた若い女性客に、角野さんはどぉぞどぉぞと応える。常連さん？と聞いてみると、女性は今日が初来店、名物お母さんから「こんな機会めったにないから、記念撮影しぃ！」と背中を押されたらしいのだ。「僕が初めてお店にお邪魔したときも、お母ちゃん、僕の隣に座っていたOLさんに『サイン貰わなアカンやん！』って言ってはったわ」と笑えば、照れるお母さんは角野さんの肩でいい音を鳴らした。「騒がず、黙って…をしたいけど、角野さんは身近な俳優さんやから、スイッチが入ってしまうんよ。それに、垣根をこさえて喋るほうがややこしなるでしょ。裏では『卓ちゃん』って言うてるからね。申し訳ないわ」。80代にしてなお元気。お客に活を入れる京都の太陽、そして看板娘でもある秋岡登茂《とも》さんとお喋りしながら、喫茶店で食事を取る時間が角野さんは好きだ。「メニューが多い！喫茶店でご飯を食べるというのは、西の文化やね。昼の定食にはサバの塩焼まであるし」。でも今日は、登茂さんと並ぶ二大名物、カレーが気分。麺食いである角野さんはカレースパゲティがあることが、たまらなくうれしい。

カレースパゲティの麺は茹でた後にしばらく寝かせ、注文ごとにフライパンで炒める。角野さんはこの寝かせスパの食感を「絶品ものです」と絶賛。命のルウは登茂さんの息子さんで二代目の誠さんが作るのだが、裏話も味わい深かった。「父親（初代）から譲り受けたレシピはマニア向けなカレーだったので、改良しようと。カレーの隠し味になる材料を聞けば試し、その日のカレーをお客さんがおいしいと言ってくれれば、それを抜くことができなくなり…。そうやって増え続けた隠し味が今や40種類ぐらい。いまだ改良する日々なので、やたらと時間とお金が掛かってます（笑）」

酒場と同じように喫茶店もまた、主人の〝味〟に触れる場所だと考える角野さんは「ふとしたときに、お母ちゃんにそろそろ顔見せに行かなあかんなぁと思うんだよね」。…いや、がっつりと顔を見つめておられますよ。名物を楽しむ姿を、お隣で。

喫茶チロル

［二条城前］

カレースパゲティの隠し味は増えれど、値段は750円の良心価格。1968年に初代の秋岡勇さんと登茂さんが開店。創業時は周りに店がなく、界隈の働き人が昼ご飯に困っているだろうと、食堂遣いできる喫茶となった。●京都市中京区門前町539-3　☎075-821-3031　8:00〜16:00閉店　日・祝休

ビフテキ スケロク

［北野白梅町］

今も昔もシアワセと読む「ビフテキ」の四文字。

鉄製のステーキ皿で運ばれたビーフステーキが、じゅうじゅうと幸せな記憶をあぶり出す。

「懐かしいなぁ。洋食屋さんで見る、鉄板皿の上のビフテキ。僕が大人になる頃にはステーキを食べる店というのはイコール、目の前で焼くステーキハウスになっちゃったし、この鉄板皿スタイルのステーキはファミリーレストランが踏襲し、今や洋食屋では消滅してしまった感じもする。お名前にね、呼ばれた気がしたんです。『ビフテキ スケロク』って、『いらっしゃい』と言われてる感じがするよね」

ごちそうの里帰りといったところでしょうか。断面をロゼ色に焼いたビフテキに看板役者のすごみを感じつつ、ビフテキの名脇役として登場するサラダにはカレー風味のモヤシが入り、「これも僕ら世代にはたまんない懐かしの味」。かと思えば、1954年創業の洋食屋としてはハイソなメニュー、フランス伝統料理のオニオンスープグラタンもある。そして角野さんを喜ばせたのは、ドリンクに日本酒があること。「好きなんですよ、洋食を食べながら日本酒を飲むことが。洋食ってお米に合うから、日本酒も絶対合うんです」

これも老舗の味、と言いたくなる親子物語を教えてくれたのは、二代目の浅井良清さんだ。ホテルでフレンチシェフをしていた良清さんはフランスでの修業経験もあり、ご病気をされたお父上から店を引き継いだのは30歳の頃とまだ若かった。オニオングラタンスープや角野さんが以前に食べたエスカルゴは、30年前の代替わりのときに良清さんが追加したものだというが、ならばいっそのこと日本式の洋食屋からフランス料理店にリニューアルしてしまおうとは考えなかったのだろうか。「僕が継いだ時点ですでに40年近く営業させてもらっていて、親子三代でお越しになられる方もいる。味が変わらんように継がないと、と今もその思いで店を続けてます」。街の変わらぬごちそうとは、そんな次代の覚悟のもとに守られているものなのだろう。

「いいなぁ。きちっとされてる街の洋食屋さんに僕らが今もお邪魔できるって、幸せだよね」。たらふくの笑みで、やすらぎの郷を後にするのだった。

ビフテキ スケロク

［北野白梅町］

特選牛ビフテキのロース120g 3,850円（サラダつき）。タマネギを2時間炒めるオニオングラタンスープ880円は11月〜2月頃の提供。予約が賢明。2度移転してもなお先代からの常連で賑わう。●京都市北区衣笠高橋町1-26 ☎075-461-6789 11:30〜14:00LO 17:00〜20:00LO 木曜休

古い飲み友であったが「壁に角野さんのサインが飾ってある！ とびっくり」。愛する冷麺について、とくと語ろう。

新大宮 中華のサカイ 本店
［紫野］

京都で「冷やし中華」は夏の季語にあらず。

「和尚は飲んじゃアカンの？ 生ビールいきましょうよ」。昼なのに、いや昼だからこそビールでお清めしときましょう、と口説いたのは、角野さんとはバーなどでも杯を交わす仲である［大徳寺 真珠庵］第27代目住職、山田宗正さん。寺院の近所にある［中華のサカイ］に角野さんが来ると知って駆けつけてくださったのだ。山田住職、なんと常連歴は40年。

「他の冷麺とは違う。中太の麺が独特なんですなぁ」と角野さんがチャームポイントを挙げれば、山田住職も「そしてあのカラシマヨネーズのタレ！ マヨラーにはたまらないです」と愛を告白。街のアイドルだと褒めるのは、通年提供する冷やし中華のこと。ちなみに京都の人は冷やし中華のことを冷麺と言うそう。

「ハムと焼豚の2種類があるけど、私は焼豚派」とは山田住職、かつ「冷麺定食につく白ご飯を焼き飯に変えてもらう」のが定番だそう。対して角野さんは「僕はハム派。焼豚は上等すぎるというか、町中華の冷麺はなんとなくハムがいい」と言い、さらに「冷麺を食べ切る寸前にオムライスを注文して、重なる時間を作る」とコースを自作。戯れ方もそれぞれであった。

ふたりが唯一無二の味だと口を揃える冷やし中華は、麺の太さとカラシが効いたタレが特徴。そのタレは、鶏ガラスープ・焼豚の醤油ダレ・カラシ・マヨネーズを合わせてからひと晩寝かせる。女将いわく「京都弁でいう〝まったり〟なタレになる」と、やはり京風の味だ。

名物が誕生したのは開店から14年経った１９５３年。聞けば、喫茶→洋食→中華と業態を変え、「だからクリームソーダもオムライスも中華もある。うっとこのメニューはややこしい（笑）」と女将。40年通う山田住職の証言によれば「中国から中華の技師を呼んで、本物の中華コースをされていたときもあったんですよ。隣に開店した有名な中華のチェーン店が撤退したんですから！」。そんな時代の名残りが今もある、と山田住職に促されてメニューを見た角野さんは目を丸くする。「見逃してました。えらい本格的な中華ですなぁ。地下鉄とバスを乗り継いで、また来ないと！」。年中冷やし中華を出す店の懐の深さを痛感したのだった。

新大宮 中華のサカイ 本店
［紫野］

冷めんのハム入り750円、焼豚入り790円。氷水でよく締めた太麺のツルモチ具合もやみつきに。オムライスは780円。ドライブスルー的なテイクアウト用の小窓がある。●京都市北区紫野上門前町92　☎075-492-5004　11:00〜15:50LO　17:00〜20:50LO　月曜休（祝日の場合営業、翌日休）

権兵衛

［祇園四条］

祇園の老舗うどん屋でこだわりの〝時間差注文〟。

角野さんは決まって「権兵衛」では二品の注文を通す。「きざみうどんと親子丼のご飯少なめ」が最強のペアリングなのだと力説し、「ダシの味わいがすーっと優しく引いていく京都のおうどんは品があるし、僕が日本一の親子丼だと思ってる〝甘くない〟親子丼は、立て続けに食べても重くならない」。ただし念を押すようにこう言った。「同時注文はしないよ」と。それでは角野さんの流儀をとくとご覧あれ。

先手のきざみうどんをずずっと啜る角野さんは、まだうどんを食べている最中にスッと手を挙げ、親子丼の小をコールする。確かに同時注文はしないが、この絶妙な〝ずらし〟はどういうことだろう。

「あとひと啜りかふた啜り、というところで親子丼が登場するのがベスト。そして途切れることなくバトンタッチさせる。〝リレー〟なんだよ」。食べ手の名監督は語りが止まらない。「一品目の終わりと二品目の始まりが重なる時間を作る…なぜそうするのかと言うと、お店は最高の状態で出してくださるわけなんだから、料理が冷めないよう時間配分するのは客の礼儀だよね」。親子丼のだいたいの調理時間も角野さんの脳内データには入力済みなのである。なぜなら「いろんな組み合わせを試して、やっとできあがった不動のペア。このセットをもう20年も食べ続けているからね（笑）」。常連歴でいえば、なんと50年選手である。

劇団の旅公演で全国津々浦々を回る20代の角野青年は、「権兵衛」の澄んだダシの味、女将さんの接客に「街のうどん屋さんであれ、京都は料理屋さんと言えるんだな」と感動した。「何屋をキッカケにして京都に入るかは人それぞれだと思うけど、僕の場合はおうどん屋さんだった。「権兵衛」さんが正式な入り口となってくれた」。こだわりすぎる注文の流儀も、記念碑的な店への敬意から生まれたもの。半世紀抱き続ける愛を胸に、角野さんの箸は今日も軽快な走りを見せるのだ。

ところで角野さん、食べ終わったうどんのうつわを下げてもらわないのはなぜでしょう？　「残ったおダシを親子丼を食べるときの汁物にするの！」って、もう愛が爆走しちゃってます。

権兵衛

［祇園四条］

きざみきつね950円と、亀岡の旨みの濃い卵を使う親子丼1,600円のペアは、女将の味舌衣久子さんも「抜群の組み合わせやと私も思います」。祇園のメイン通り「切り通し」で1927年に創業、当代は四代目。●京都市東山区祇園町北側254 ☎075-561-3350　11:30〜19:30最終入店　木曜休

食べ切ったうどんのツユを親子丼用の汁物として二次利用するのが角野流。「昔は親子丼も小じゃなくて通常サイズだったんだけどね…」。

割烹 千ひろ
［祇園四条］

日進月歩の京料理を表す シメのミックスジュース。

京料理の古典を守る店で正統の美学も浴びるし、新世代主人の創意にも触れる角野さんが「前衛的」と表現する祇園の割烹。なにせ、コースの最後を飾るのがミックスジュースなのだから。それを飲み干すとき、角野さんは毎回のように実感する。「京料理とは、これがそうである、と判子を押すようなものではなく、常に進化しているものなのだ」ということを。

早々から唸る先付けは、こちらの秋の季語といえる黒豆のすりながしのスープ。造りには細かく刻んだ塩昆布が添えられ、脂が乗った甘鯛を塩昆布だけで食べれば、旨みの倍音に悶絶する。前衛的と聞くと、足し算を重ねた創作料理を連想するかもしれないが、「実はそうじゃない。食べられない飾りものなんて何もないし、素材をシンプルに、というお考え。引いて、引いてと削ぎ落としたお料理がいただけるんです」。本流を守りつつの意匠が最高密度で押し寄せるのが、シメの一杯、ミックスジュース。考案したのは、店主の永田裕道さんの師匠でありお父上。1946年に祇園で板前割烹の店「千花」を開いた、永田基男さんである。

「8割を料理にして、季節の果物、お菓子とおうす（薄茶）と続くのが日本料理の流れ。ただし板前である父親は、料理だけで9割5分いきたかった。最後に果物の固形はしんどいやろうからジュースにしようと発想し、長年のアイデアが実現したのはジューサーが発売された頃です」。つまり名物の誕生は65年以上も前のこと。板前の意地を継ぎ、用いる材料は糖度の高いリンゴとミカンのみだという。「最後にパーンとゴールテープを切るように」角野さんはぐぐっとひと口。噛むという作業もないから、自分の世界に没入できる。「今日はこんなお料理の流れがあって、と今までのプロセスを思い返す時間だな」。果実の甘い余韻に浸りながら、心のなかで美食のカーテンコールに拍手を送る。

「京料理を食べたいなと思ったら、それは「千ひろ」さんに行きたいということ。イコールになっている。もちろん永田さんは〝ウチは京料理でござい〟なんて思ってへんやろうけど、今の僕にとっては京料理のベース、ひとつのレベルになっているお店なんです」

割烹 千《ち》ひろ
［祇園四条］

［千花］と［辻留］で修業を積んだ永田裕道さんが2001年に独立。ミックスジュースでシメる懐石のコースは、16,500円～24,200円の間で3種類。紹介料理は24,200円のコースの一例（全てサービス料別）。●京都市東山区祇園町北側279-8
☎075-561-6790　17:30～20:00最終入店　月曜休

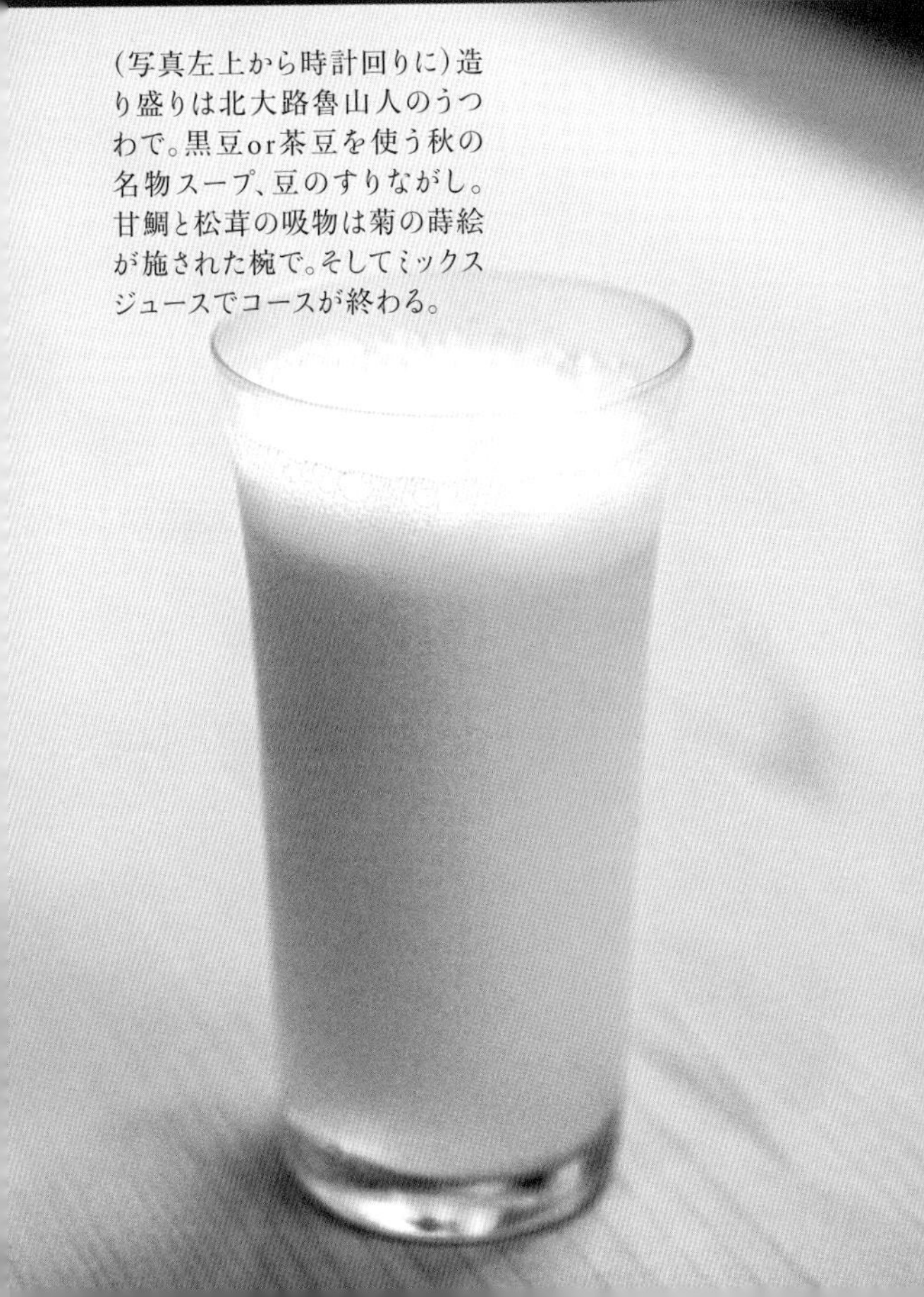

(写真左上から時計回りに)造り盛りは北大路魯山人のうつわで。黒豆or茶豆を使う秋の名物スープ、豆のすりながし。甘鯛と松茸の吸物は菊の蒔絵が施された椀で。そしてミックスジュースでコースが終わる。

とり粋

［烏丸御池］

「気持ちいい」を味わう、快楽ビリビリの鍋とは？

　朝の街なかウォーキングで店の前を通るたび、看板に書かれた四文字がやけに気になったのだ。ピリリと効いたパワーワードは〝山椒なべ〟。でも、ひとりで鍋をつつくのはなぁ、と二の足を踏まないのが食い道楽。「この鍋がどんなもんかいっぺん食べてみたかったから、仕方がない」と、ひとりカウンターにスッと座った。「シメのラーメンまで堪能しちゃいましたよ。確かに山椒のお鍋だったし、それにね、僕が大好きなヒネ（親鶏）が入ってるって珍しいでしょ？ なかなかに面白いお鍋と出合えましたな」。そう聞いてしまうと未知の扉を、もとい、鍋のふたを開けたくなる。角野さんが案内してくれたのは、焼鳥と鶏鍋が二枚看板である大衆的な鶏居酒屋だった。

　鍋のなかには透明度の高い鶏ガラスープ、そこに鶏のミンチがゆらゆらと泳いでいる。具である地鶏は若鶏と親鶏のダブル仕様、とはまさに鶏づくし。炊くほどに親鶏とミンチは旨み濃度を上げてくるわけだけど、こちらの鍋のセールスポイントは「濃いけど爽やか」。香りと辛みが鮮烈な和歌山・有田川のぶどう山椒をペースト状にしたものを、あらかじめスープに溶かし入れているのだ。このスープだけでも三つ葉やミョウガ、冬場なら京セリなどの野菜がわしわしいけるが、さらに〝追い山椒〟用のペーストがサーブされ、食べ進めながら好みの痺れ具合にセルフチューニングができるのである。序盤はデフォルトのピリッと感を楽しんで。お次はもう少し効かせるか、と取り皿の上で山椒をパラリ。ビリビリとした山椒の快楽と、人間の野性すらも引き出してくれそうな歯ごたえある親鶏の共演。その相乗効果だろうか、「やっぱり僕はやわやわな若鶏より、ぐわしぐわしと噛ませるヒネ派。人間も鶏も若いだけやとアカン…そやそや！」との格言も飛び出して…。これがランナーズハイならぬ山椒ハイ？

　「お野菜が多いからひとりでもペロリといけちゃうんだけど、みんなで鍋を囲んでさ、ヒネをどんどん追加してダシを育てるみたいな遊びもしてみたいなぁ」。うっすら汗を掻く完走時に、早くも次回のランニングフォームを考える角野さんであった。

とり粋

［烏丸御池］

　猟師鍋を参考にした京山椒なべ1人前3,080円、鍋のトッピングに山椒餅1個220円がある。鍋の登場までは、唐辛子ダレの赤鬼串440円などの焼鳥メニューを楽しもう。●京都市中京区三条通新町西入ル釜座町36　☎075-255-5191　11:30～13:30LO　18:00～22:30LO　不定休

「一澤さんはいつも地元の人が行く店に連れて行ってくださる」。旅行客の羅針盤では辿り着けなかったであろう昼から開く鮨屋で、刺し身などをアテにして日本酒を飲み、さらに“シメ鮨”できる口福を味わう。

東寿し

［七条］

地元民が通う百年店で「昼下がりに不良してる」。

『借りてきた猫の様にちょこんと座ってます。でもよく食べよく呑む我輩です』

角野さんのケータイに届いたショートメッセージの差出人は、酒友である一澤信三郎さん。「お福」（P66）ではバーでシメた後に「うどん屋で不良してる」ことを明かしたおふたりは、昼酒も上等。明るいうちから鮨屋でやんちゃされていた…？

一澤さんが贔屓にする「東寿し」は正午にオープンする通し営業の店であり、黒板には一品ものが小料理屋並みに書き込まれている。「前に一澤さんとお邪魔したときもお鮨は最後に2貫3貫つまんだぐらいでしょうか」。一緒に飲むと軽く8合は空けてしまうというご両人にとって、鮨までの道のりが遠いというのは幸せなこと。三代目店主の山本勲さんも笑って言う。「うっとこではみなさんこう言わはるんです。『今日も鮨が食べられへんかった。大将ごめんなぁ』って」。一品出るごとに「師匠、お先に失礼します」（一澤さん）「いや師匠言わんといて、師匠」（角野さん）とじゃれ合いつつ、今日もアテで埋まっていくカウンターである。

創業は戦前。二代前までは仕出しのみを行う鮨屋だったそうだが、外食文化が盛んになったことで40年ほど前に三代目がカウンターを作ったのだ。修業に出ていた後継ぎの息子さんが戻ってこられたことでさらに黒板は充実。「僕の理想は、お鮨屋さんでアテとしてお魚をいただきたい。だって、いいネタがあるに違いないから」と語る角野さんの願望をかなえる店であり、登場したお造り盛り合わせに一澤さんは「こんなの昼間から食べたら、クリスマスと正月がいっぺんに来てしもうたみたいなもんや」と、徳利を追加する。

鮨前についつい飲み過ぎてしまうのは「大将が一品の量を調節して出してくれはるしな」と、その心遣いが要因だと一澤さんは説明し、素顔の京都を覗き見る旅をする角野さんは「ほんまの京都の人が座ってはる」日常風景が酒を進ませるようで。そして2貫ずつだけ頼んだシメの鮨では「ジャンケンで決める？」。勝利の女神は一澤さんにほほ笑み、シャコをアーンと…。お天道様の下、たらふく遊ぶおふたりだった。

東寿し

［七条］

トロ550円やアナゴ440円に鯛330円…と、8席のカウンター鮨屋であり良心的な価格。お造り盛り合わせ1人前3,300円。「戦後の配給制だった時代は、米を持ってくると親父が鮨を渡していた」。●京都市東山区正面通本町西入　☎075-561-5471　12:00～21:30LO　木曜＆第3水曜休

K36 The Bar & Rooftop ［清水］

ベテランがホテルバーに降臨。芳醇な時間を周知したかった。

1994年に開店したオーセンティックバーの金字塔「BAR K6」に始まり、ワインバーと会員制ウイスキーバーも展開。京都の夜を深める「K6」グループに角野さんが感じるのは「ウェルカムという姿勢で、とてもオープンなバーという印象。その精神が、人となりを表している」。その人とは、「K6」グループのオーナーである西田稔さんのこと。そして西田さんがプロデュースしたこの新しいバーも、曼荼羅のように悟りの境地が描かれた場所だった。

元小学校を活用した「ザ・ホテル青龍 京都清水」の最上階にそのバーはある。法観寺・八坂の塔や東山三十六峰の眺望を楽しめる空間は、バーであるのに「閉塞感が全くないでしょ?」と角野さん。インドアとルーフトップのふたつのエリアがあり、角野さんが目指すのはインドアのカウンターだ。

「店名の「K36」とは、Kが京都、36は東山三十六峰から取っているんです。その数字にちなんで、36種のカクテルをご用意しました」とは西田さん。錬金術のようなカクテルがもてはやされる今、あえてスタンダードカクテルを揃え、しかし定番の一杯といっても全てのカクテルレシピはこの店のためだけに新しく考案したもの。さらに驚くのが、ジントニックですらインドアとルーフトップではレシピが異なること。「飲んでいただく環境に合わせて、その店、その空間でしか飲めないものをお作りする。それが私の仕事です」。そうさらりと言った西田さんは、ホテルバーへの想いも強い。「ホテルのバーで過ごしているということが、自分を伸ばしていってくれているような気がする。お酒を愛するみなさんにもっとホテルバーをご利用いただきたい」。カクテルは街場とほぼ変わらぬ価格設定だ。

温故知新を知るスタンダードカクテルと、「バーテンダーの仕事とは」という問答の先にできあがった一杯への情熱。後進の若きバーテンダーからしてみれば、このカウンターは教卓となるんだろう。

「人を喜ばせるということのために、ご自分に対して厳格にやられている。西田さんの哲学が素晴らしいですね」。酒を媒介とした哲学の〝学び舎〟で、人に酔いしれる夜のホームルームを堪能したのだ。

K36 The Bar & Rooftop

［清水］

清水小学校校舎をリノベートし、2020年にオープン。ギムレット1,650円（10%のサービス料別）。インドアのバーでは36種のカクテルを用意。17:00以降は1,100円のチャージあり。予約可。●京都市東山区清水2-204-2 ザ・ホテル青龍 京都清水4F ☎075-541-3636 15:00～23:00LO 不定休

八坂の塔と東山三十六峰を眺めながら珠玉の一杯を味わうバーで、ベテランバーテンダーの美酒の哲学に酔いしれた。

京都の味をお持ち帰り。

角野旅の名バイプレイヤー。

旅の最終日は忙しい。奥様が帰りを待つ自宅用と、3人家族の息子さん宅に届ける京都の味を買いに走るのだ。ここに挙げるのはある日の戦利品。弁当系は各家庭にだいたい3つずつ、京寿司に折詰とバ

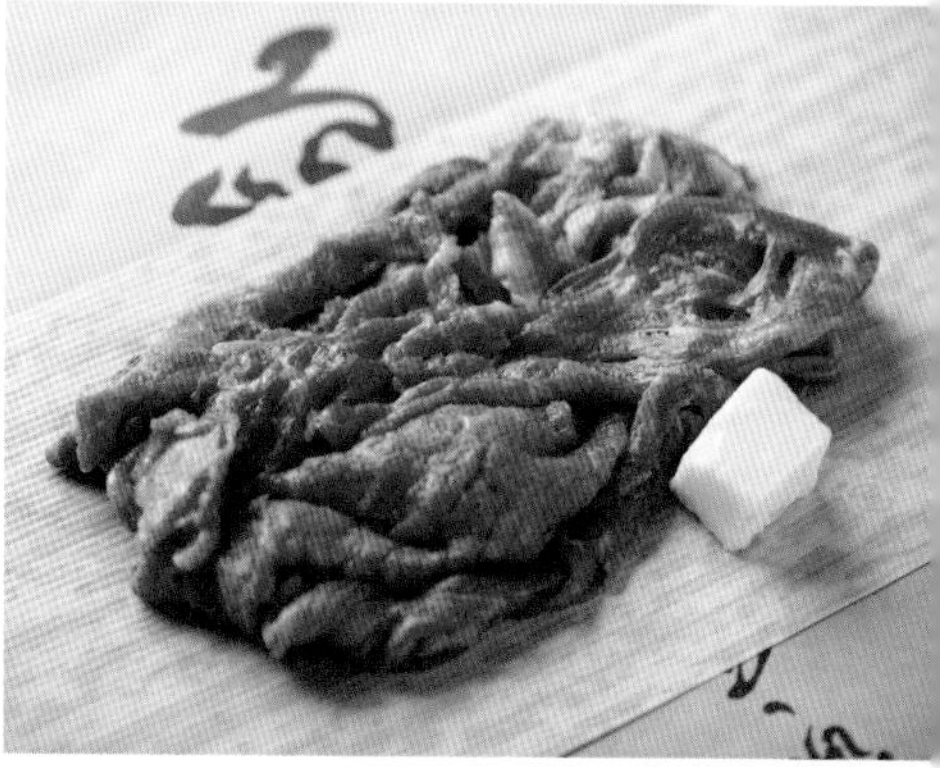

明治6年創業の実力、切り落としとて極上。

三嶋亭 本店　精肉販売コーナー

［三条］

牛肉を毎朝食べる角野さん、肉まで京都で調達ですか。すき焼専門の名店が営む精肉店にて、お目当てはグラム788円の切り落とし。「まさに値打ちもん！ 切り落としなのに肉一枚がしっかりして、質もさすが。同価格帯の肉を東京で買ったことあるけど、味が全然違うんだもの」。●京都市中京区寺町通三条下ル桜之町405　☎075-221-0003　9:00〜18:30閉店　水曜休（祝日の場合営業）

「レベルが違う味」そのワケは黒毛和牛を枝肉のまま1カ月前後熟成させるから。切り落としをいつも300g購入。

酒のアテにもなる老舗の味の大博覧会。

迷い箸は避けられない質と量。折詰弁当の『松』7,020円、予約は前日の昼頃までが原則。

京趣味 菱岩《ひしいわ》

［祇園四条］

創業190年を超える仕出し専門店の折詰が「最近ではマストになってる。肉や魚もの、炊き合わせにお寿司までと大充実の折詰はカミさんと取り分けしやすい。好きなものを自由に選べるからね」。季節の味覚で彩られた『松』の折詰で一献。●京都市東山区新門前通大和大路東入ル西之町213　☎075-561-0413　11:30〜18:00頃最終来店　日曜&第2月曜休&最終週の月曜休

末廣《すえひろ》

［京都市役所前］

創業は天保年間（1830〜1844年）。「京寿司のお店のなかでも特に［末廣］さんは味に品があって、酢飯も軽い」と太鼓判。京風箱ずし1,458円や鯖ずし2,160円（6切れ）など、京都の心を表す丁寧な仕事が舌に伝わる。●京都市中京区寺町二条上ル要法寺前町711　☎075-231-1363　11:00〜18:30LO　月曜休&火曜不定休（月曜祝日の場合、16:00または17:00頃まで営業、翌日休）

京の味といえば…な「品がある」京寿司。

リエーションがカブらないよう気を遣う。おっとツマミも買っとこ、と天ぷら屋に走り、明朝に食べる牛肉まで調達…。
「旅の初日から『今月は何を買って帰ろう』というのが頭の片隅にずっとある。どんな店にどの順で回るか、楽しい作戦を立てるんですよ」。そしてほっとひと息つく新幹線の車内からお嫁さんに『今回はこんなラインアップにしてみました』と報告メールを打ち、購入品で自宅飲みするまでが角野さんの京都旅、です。

新幹線に乗る直前、京の味豊作コーナーへ。

ジェイアール京都伊勢丹 老舗・名店弁当
[JR京都]

料亭の折詰や名店弁当が一同に会するコーナーは「いろんな店のお弁当から『今日はこれかな』と気分で選べるのが便利。最近のお気に入りは[はつだ]の和牛弁当。あっさり上品味で、お肉の下に敷く千切りキャベツがいい仕事してるんだ」。●京都市下京区烏丸通塩小路下ル東塩小路 ジェイアール京都伊勢丹B2　☎075-342-5630（直通）10:00～20:00閉店　不定休（施設に準ずる）

和牛専門の焼肉屋[はつだ]の和牛弁当1,944円。A5ランク雌牛を赤味噌や麻の実が隠し味のタレに絡め、直火で焼く名品。

ホテルメイドのパンを片手に。

京都ホテルオークラ 焼きたてパン パネッテリア オークラ
[京都市役所前]

京都に来ると必ず顔を見せるのが、東山の帆布かばん店[一澤信三郎帆布]で、差し入れはこちらのパンがお決まり。「かばん職人さんには片手で食べられるパン系がいいのかなって。定番のパイナップルのドーナツとか季節のフォカッチャを」。●京都市中京区河原町御池 京都ホテルオークラB2　☎075-254-2545　10:00～18:00閉店　無休

差し入れパンと、自分用サンド。

「今日は外飲みはいいや」の部屋ご飯用、あるいは夜食用に確保しておくのが、写真のサンドイッチ。トマトソースとタルタルのエビフライサンド648円。

祇園かまぼこ いづ萬《まん》 京都タカシマヤ
[四条河原町]

ハモなどの生魚を手捌きし、熟練の職人が手作業で作るこだわり天ぷらは、弾力や甘みが別格。「食卓に並べた調味料でタレを自作して晩酌してます。次の日は極薄いダシで煮て…って、いろいろやってんですよ（笑）」は酒飲みの性分？　祇園に本店がある。●京都市下京区四条通河原町西入ル真町52 京都タカシマヤB1　☎075-221-8811（代表）10:00～20:00閉店　不定休（施設に準ずる）

ふわふわ天ぷらは遊べるひとり酒の供。

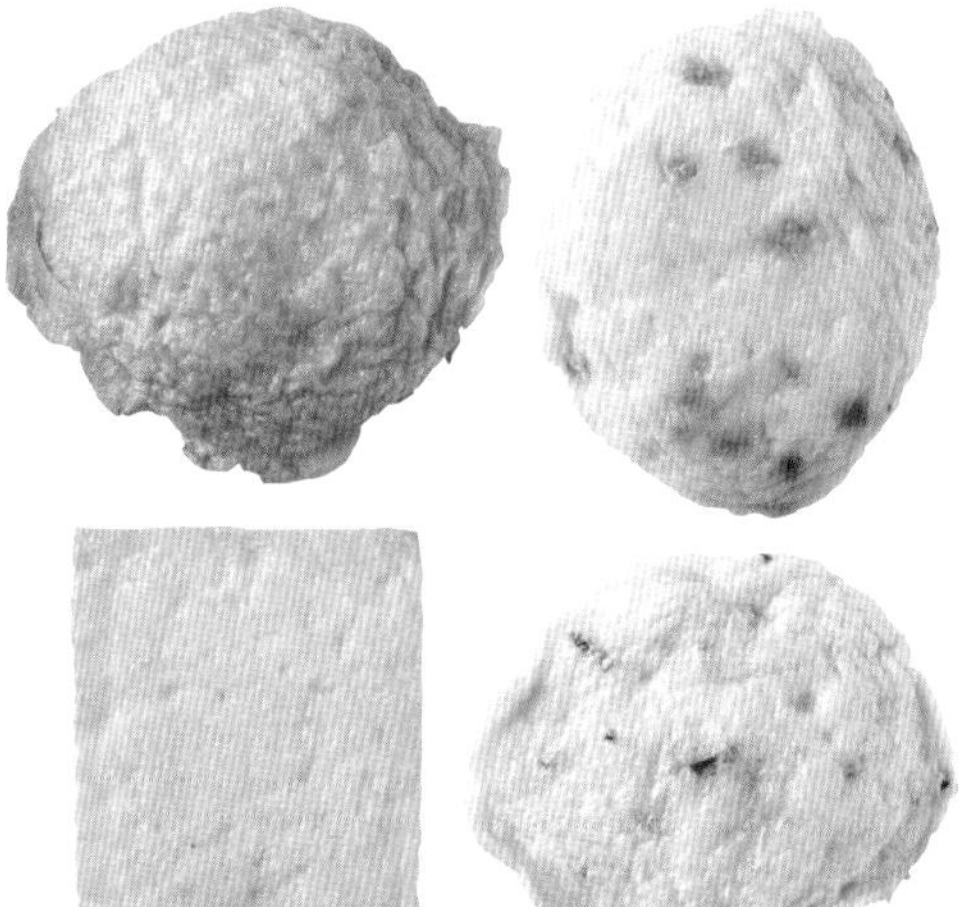

お気に入り4選は（左上から時計回りに）玉ねぎ天195円、しょうが天195円、きくらげ天195円、いか天270円。

牛おおた(P88)
金戒光明寺
白川通
京阪鴨東線
鴨川
神宮丸太町駅
京都大病院
熊野神社
錦林小
丸太町通
丸 太 町 通
京 聖護院 早起亭うどん(P92)
平安神宮
岡崎中
一品料理 高倉(P64)
琵琶湖疏水
冷泉通
川端警察署
東大路通
細見美術館
ロームシアター京都
岡崎公園
銅駝美術工芸高
広東料理 鳳泉(P58)
イオン
二条通
ザ・リッツ・カールトン京都
京都ホテルオークラ
京都ホテルオークラ 焼きたてパン
パネッテリア オークラ(P117)
河原町通
みやこめっせ(京都市勧業館)
京都市京セラ美術館
京都市動物園
仁王門通
Bistro l'est(P74)
川端通
Pizzeria Napoletana Da Yuki(P32)
京都文教中・高
京都文教短大付小
無鄰菴
南禅寺
直珈琲(P36)
御料理 めなみ(P82)
三条通
東山駅
三 条 通
地下鉄東西線
三条駅
三条京阪駅
京料理 瓢正(P84)
お福(P66)
ウェスティン都ホテル京都
蹴上駅
ミーナ京都
レコード酒場 ビートルmomo(P40)
先斗町 ますだ(P76)
木屋町通
先斗町通
河原町通
BAL
京趣味 菱岩(P116)
京都華頂大
華頂女子中・高
青蓮院門跡
知恩院
わしょく宝来(P38)
京阪本線
花見小路通
割烹 千ひろ(P106)
権兵衛(P102)
いづ重(P52)
四条通
八坂神社
円山公園
京都河原町駅
南座
祇園四条駅
たかせ会館
NOILLY'S Coffee&Spirits(P90)
鮨割烹 なかー(P8)
弥栄会館
大和大路通
建仁寺
高台寺
The Hotel Seiryu
K36 The Bar & Rooftop(4F/P112)
鴨川
川端通
松原通
東大路通
松原通
東山区役所
開睛小中
東山警察署
清水五条駅
七条駅
ジェイアール京都伊勢丹
ジェイアール京都伊勢丹 老舗・名店弁当(B2/P117)
地下鉄烏丸線
京都駅
東寿し(P110)
川端通
正面通
豊国神社
京阪本線
鴨川
七条駅
京都国立博物館
七条通
三十三間堂

今宮通
堀川通
新大宮
中華のサカイ
本店(P100)
鳳徳小
大宮通
猪熊通
下鳥田町
紫野通
鞍馬口通
串揚げ
万年青(P28)
鞍馬口駅
大宮通
天神公園前
堀川通
上御霊前通
いまから
なかじん
(P30)
室町通
今出川駅
烏丸通
同志社大
今出川通
地下鉄烏丸線
京都御苑
今出川駅
京都御苑
丸太町通
裁判所
丸太町駅
竹屋町通
京都新聞社本社
御所南小
堀川通
小川通
釜座通
衣棚通
夷川通
二条城
つろく(P22)
末廣(P116)
二条通
リストランテ野呂(P16)
喫茶チロル(P96)
ANA
クラウンプラザ
ホテル京都
プチレストランないとう(P80)
高倉通
堺町通
押小路通
押小路通
二条城前駅
京都堀川
音楽高
京都国際
マンガミュージアム
京都
御池中
京都
市役所
神泉苑
御池通
御池通
烏丸御池駅
地下鉄東西線
京都市役所前駅
NHK
姉小路通
神泉苑通
とり粋(P108)
京都
文化
博物館
点邑(P20)
中京
郵便局
三条通
三条通
三嶋亭 本店
精肉販売コーナー(P116)
酒陶 柳野(P70)
六角堂
前田珈琲 室町本店(P54)
六角通
大宮通
黒門通
猪熊通
岩上通
堀川通
油小路通
西洞院通
新町通
室町通
烏丸通
東洞院通
高倉小
柳馬場通
富小路通
麸屋町通
御幸町通
寺町通
新京極通
蛸薬師通
後院通
洛中小
堀川高
中京
警察署
地下鉄烏丸線
錦小路通
LAQUE
四条烏丸
大丸
四条通
大宮駅
四条大宮駅
嵐電嵐山本線
阪急京都線
烏丸駅
阪急京都線
藤井
大丸
池坊
短大
COCON
KARASUMA
東急
ハンズ
四条駅
綾小路通
和食 晴ル(P12)
洛友中
洛央小
奇天屋(P72)
仏光寺通
京都タカシマヤ
佛光寺
祇園かまぼこ
いづ萬
京都タカシマヤ
(B1/P117)
下京警察署
京都
銀行
高辻通
松原中
河原町通
松原通
万寿寺通
五条通
五条駅
京都駅
JR山陰本線
太秦駅
嵐電北野線
撮影所前駅
帷子ノ辻駅
廣東料理
開花(P62)
嵐電嵐山本線
わら天神前
ビフテキ
スケロク(P98)
平野神社
北野天満宮
西大路通
上七軒
ふた葉
(P26)
今出川通
上七軒
千本通
嵐電北野線
北野白梅町駅

角野卓造（かどの たくぞう）

1948年、東京都生まれ。大阪府育ち。1970年に文学座附属演劇研究所へ入所し、1972年に初舞台を踏む。以降、舞台、テレビ、映画、吹き替えなど幅広く活躍。全国酒場巡り、オーディオ、鉄道模型、ジャズ、ギターなど多趣味でも知られる。扉に掲載のイラストは、角野の妻であり女優の倉野章子が手がけた。

初出
本書は『Meets Regional』（2018年4月号〜2021年8月号）の連載に加筆・修正したものです。

続・予約一名、角野卓造でございます。【京都編】

2021年8月10日　初版発行

発行人　荒金 毅
取材・文　廣田彩香
写真　佐伯慎亮
デザイン　津村正二（ツムラグラフィーク）
イラスト　江夏潤一
地図　マップデザイン研究室
編集　藏ヶ崎達也

発行　株式会社京阪神エルマガジン社
〒550-8575 大阪市西区江戸堀1-10-8
編集部　06-6446-7714
販売部　06-6446-7718
ホームページ　www.lmagazine.jp

印刷・製本　シナノ印刷株式会社

ISBN 978-4-87435-655-5 C0026 ¥1480E